高效沟通的艺术

HOW TO SAY ANYTHING TO ANYONE

[美] 莎丽·哈莉 ◎著
(Shari Harley)
伍文韬 陈 姝 ◎译

A Guide to Building
Business Relationships
That Really Work

中国科学技术出版社
·北 京·

北京市版权局著作权合同登记　图字：01-2023-0377。

图书在版编目（CIP）数据

高效沟通的艺术 / (美) 莎丽·哈莉 (Shari Harley) 著 ; 伍文韬，陈姝译 . -- 北京 : 中国科学技术出版社，2023.8
书名原文 : How to Say Anything to Anyone
ISBN 978-7-5236-0220-1

Ⅰ. ①高… Ⅱ. ①莎… ②伍… ③陈… Ⅲ. ①心理交往－通俗读物 Ⅳ. ① C912.11-49

中国国家版本馆 CIP 数据核字 (2023) 第 086072 号

执行策划	黄　河　桂　林
责任编辑	申永刚
策划编辑	申永刚　方　理
特约编辑	郎　平
版式设计	王永锋
封面设计	东合社·安宁
责任印制	李晓霖

出　　版	中国科学技术出版社
发　　行	中国科学技术出版社有限公司发行部
地　　址	北京市海淀区中关村南大街 16 号
邮　　编	100081
发行电话	010-62173865
传　　真	010-62173081
网　　址	http://www.cspbooks.com.cn

开　　本	787mm × 1092mm　1/32
字　　数	168 千字
印　　张	8
版　　次	2023 年 8 月第 1 版
印　　次	2023 年 8 月第 1 次印刷
印　　刷	深圳市精彩印联合印务有限公司
书　　号	ISBN 978-7-5236-0220-1/C·239
定　　价	62.00 元

（凡购买本社图书，如有缺页、倒页、脱页者，本社发行部负责调换）

我们与他人能沟通的内容远远超乎你的想象。建立有效的人际关系取决于提要求并讲真话的勇气，事业的发展也取决于这种勇气。

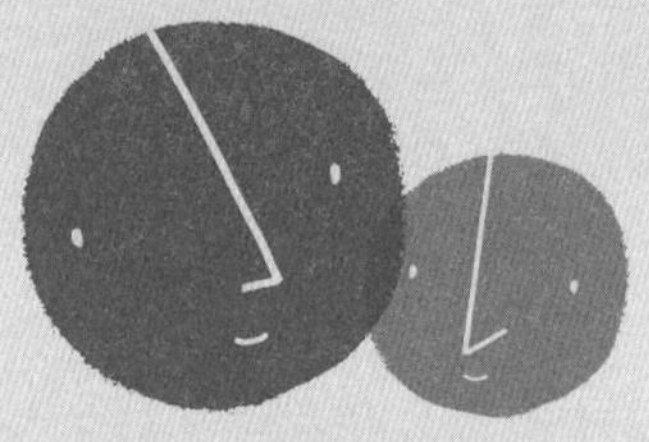

我要对曾经的上司、同事、员工及客户由衷地说一声“谢谢”，尤其要感谢那些克服恐惧、勇敢表达真实想法的人，与你们共事的经历以及我们之间的沟通构成了本书中的真实案例。

马歇尔·古德史密斯　畅销书《向上的奇迹》《习惯力》作者

这是一本既有趣又实用的书。老板读了它，可以让公司氛围更和谐；员工读了它，不但更会说话，还能与同事相处得更融洽。

基思·法拉奇　超级畅销书《别独自用餐》合著者

《高效沟通的艺术》是一本振奋人心的书，它能帮助你建立更友好的人际关系，并获得他人持续的认同。

杨绪强　鲁商集团有限公司副总经理、山东鲁商科技集团有限公司董事长

这是一本非常实用的沟通指南，能帮你消除职场中的沟通障碍。作者莎丽·哈莉以其丰富的经验和深入的研究，秉持“坦率”这一沟通艺术，帮助读者建立坦诚和谐的人际关系。她的理念契合中国

“以诚待人”“和为贵”的传统文化智慧，不仅适合职场人士，也适合任何想要改善沟通技巧的读者，运用本书技巧能让你更高效地工作和生活。我强烈推荐这本书，希望你也能成为高效沟通的艺术家。

于木鱼　明华创研社首席执行官、资深即兴演讲教练、畅销书《从 0 到 1 搞定即兴演讲》作者

高效沟通能力不仅仅是一种软实力，更是在当下社会越来越重要的职场硬实力。在职场中，好的沟通能力不仅能够化解尴尬、调解矛盾、解决冲突，更能够促进人与人之间的相互理解、链接、协作。本书将运用具体的案例、常见的场景、实用的技巧，帮助你建立良好和谐的人际关系，让你的职业生涯如鱼得水。

费萼丽　凤凰卫视资深记者和编导、上市公司高管、女性成长作家

人际交往中 80% 以上的难题，都是因沟通不当而产生的。如何破除不良沟通产生的障碍，拒绝忍气吞声，轻松处理各种尴尬局面？《高效沟通的艺术》能让你拥有温柔而强大的沟通力量，可以帮助你掌控核心事业强劲发展的大动脉！

兰晓华　中央电视台财经频道评论员

《高效沟通的艺术》会教给你与他人沟通最实用的技巧，每天学一点学以致用，练就无敌沟通方法，助你事业更上一层楼。

为何沟通需要“坦率”？会说话的人运气不会太差

人们对“坦率”（candor）一词多有误解，它几乎成了现今人际交往与职场沟通中的“稀有元素”。

也许人们认为它是贬义词，必须跟它划清界限。但你是否考虑过，如果工作和生活中没有坦率，会发生什么？

你自以为表现良好的一场面试，却意外落选；一位老朋友突然与你中断联络，你却不解其意；一次非常愉快的约会后，对方自此杳无音信。遇到这些情况，我打赌你肯定琢磨过：我该如何调整，才能争取到梦寐以求的工作？我们的友情出了什么问题，我说错什么话或做错什么事了吗？为什么没有了第二次约会？

你如果跟大多数人一样，不主动追问原因，那就只能无端揣测。再想想那些让你大伤脑筋的服务：在医院候诊室等待了许久，你是向医生抗议这是在浪费你的时间，还是默不作声地继续等待？当你的会计出了差错时，你是直接把问题反馈给他，还是立马换个新会计？当你在餐馆就餐时，服务员态度恶劣，你是向餐厅经理投诉，还是再也不去那家餐馆了？

实际上，当遇到不顺心的事情时，大多数人都会保持沉默，因为我们的内心都不够强大。

即使是我们最亲密的好友，当我们做了让他们失望的事，他们也不会向我们坦述不满。因为矛盾会影响彼此的感情，甚至破坏友谊！大家都不直言相告，友情就会在不知不觉中淡漠。如果我们总是做出伤害之举，却又不自知，那么越来越多的隔阂终将使友情荡然无存。

没有消息并不一定是好消息

同样的情形也会出现在职场。你的工作接二连三地出现问题，但你的上司或者同事总觉得不便向你直言。

你一直被蒙在鼓里，自以为业绩出色，却在年终总结或绩效考评时，得到“意外惊喜”。事实上，是上司或同事没有及时把问题反馈给你，最终却成了你辜负了大家的期望。

有时，你真的很需要同事支持，但他们为什么总是不吭声？有些员工对公司没有丝毫不满，为何突然离职？他们对你平时的挫败感和失望情绪真的毫不知情吗？这些遭遇让你有什么想法？所有这些问题都因为我们在相处中不够坦率。如果你能够完全避免这些情况的发生，或者至少适时控制局面，不是更好吗？

“坦率”意味着“有消息”，而很多人认为“有消息就一定是坏消息”。我们自我安慰道：“不直言相告，是因为我们对待朋友和同事心怀善意。”事实并非如此，只是我们常常懦弱、消极地面对这些问题。

停止猜测，鼓起坦率沟通的勇气

无论发生什么，我们总该知道原因。如果不知道，我们就会猜想，而且总是往最坏的方面想：“我长得不好看，所以我将孤独终老。”“我上司不喜欢我，所以我在这里没有发展前途。”

你的猜测可能对，也可能错。不管怎么样，这些都只是你的猜测。在现实生活中，猜测不但毫无意义，还会让你失去行动的勇气。与业绩相比，他人的评价对你的职业生涯影响更大，所以你想时刻知道他人如何评价你。

猜测对于你的事业发展毫无益处。如果你觉得现在这份工作枯燥无味，自己还能胜任更有挑战性的岗位。上司却可能认为你对待工作不够积极主动，或者你仍然有待培养。这个时候，你的主观期望对晋升毫无帮助。

如果你自认为向客户提供了周到的服务，但对方却不以为然，你的“自以为”改变不了客户流失的现实。

我们的确很难真正了解他人的看法和评价。很多时候，他们不会直言相告，而是跟其他人议论我们。

因此，我们要鼓励他人与我们真诚交流，告诉他们即使直言，我们也能愉快接受。否则，我们就会在盲目的猜测中贸然行事，造成不必要的失误。

坦率不是坏事，有话直说也不一定要说难听的话。坦率意味着建立关系之初，双方就表明各自的期望，而不是想当然地认为别人能猜中我们的心思。我们应当在事情发生时，而不是等到于事无补时才表明态度。

告别“猜测”，我们需要积极主动地与上司、同事坦率沟通。在一支崇尚坦率的团队里，每位成员都能够及时又轻松地表达自己的观点。在这种“坦率”的关系中，每个人都能畅所欲言，而不用心存顾忌。

用坦率赢得全方位职场大转变

职场人际关系越坦率，你越不用时刻担心遭遇意想不到的流言蜚语。这也有利于你了解他人对你的评价，进而掌握主动权，有针对性地提升业绩。

积极主动地要求坦率沟通，“趋利避害”，意味着你有更多的机会掌控职业生涯。如果你对别人的看法一无所知，你就不知道他们的意见会给你带来什么影响。如果你处于被动位置，也就等同于把自己的职业生涯交由别人控制。

如果改善职场人际关系简单到只需提出一些问题，你还会犹豫吗？本书提供了一条简单、新奇的职场升级捷径：多询问，少猜测。我可以保证，在这种技巧的帮助下，你将：

◎ 在与所有人的交往中取得信任；

◎ 与上司、同事、客户分享各自的期望；

◎ 拥有更加和谐的职场人际关系；

◎ 避免孤军作战，加强团队和部门协作；

◎ 留住合适的员工，并且更加轻松地管理员工；

◎ 帮助员工取得优秀的业绩；

◎ 赢得更多晋升机会，承担更大责任；

◎ 减少办公室的流言蜚语和摩擦冲突；

◎ 工作更加高效，避免重复劳动；

◎ 掌控自己的职业生涯和家庭生活；

◎ 提升职业满意度和生活幸福感。

你掌握着自己职业生涯的成败和满意度。如果你对这一点还不清楚，这本书将帮助你认识到，职业满意度在很大程度上取决于职场人际关系的质量。

接下来，我将为你提供简明易懂、操作简单的方法，帮助你建立更加和谐、坦率的职场人际关系，以更少的付出获得更多的回报。想要掌握自己的职业生涯，必须付出时间建立良好的工作关系。你只需询问他人的需要和对你的期望，就是这么简单。

目录

HOW TO SAY ANYTHING TO ANYONE

第 1 章

如何用坦率
建立良好的人际关系？

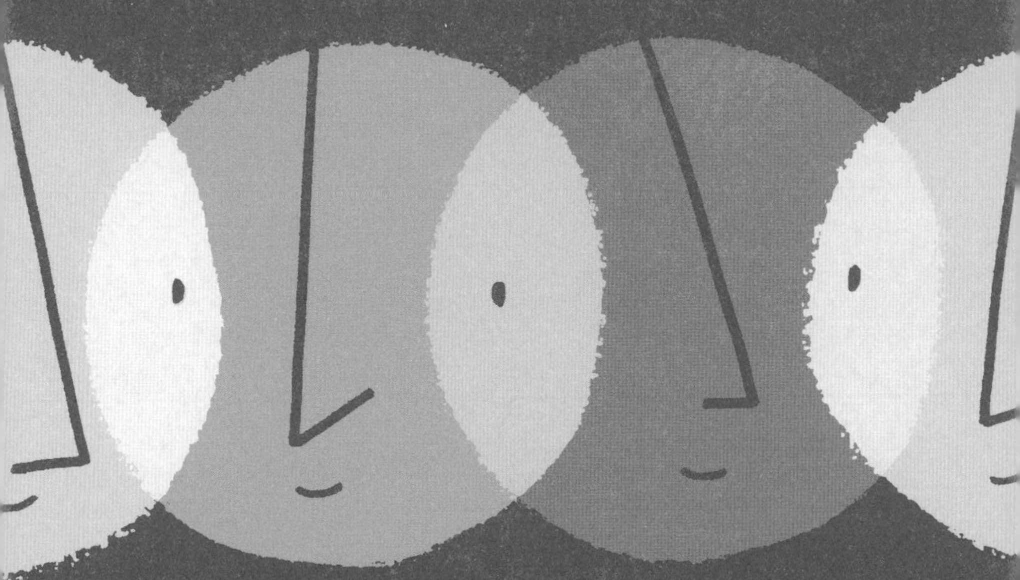

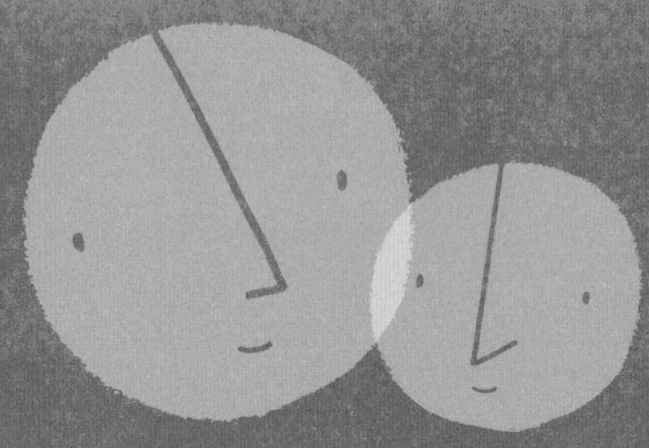

你的坦率非但不会导致灾难，
反而会让人觉得你是值得信任的，
是可以真诚沟通的。

世界 500 强企业都在用的带人经典《建议陷阱》

迈克尔·邦吉·斯坦尼尔

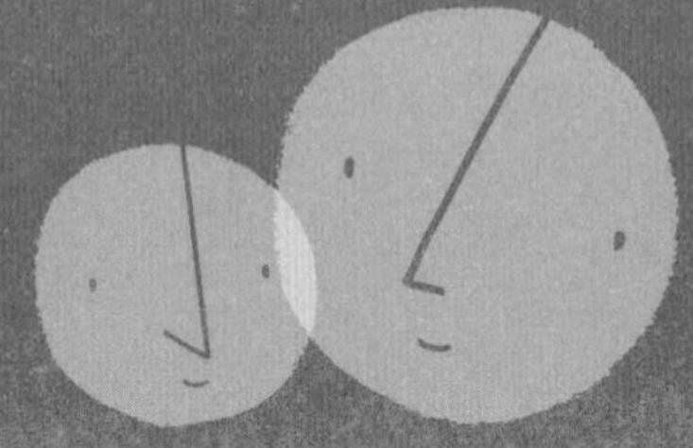

第 1 章　如何用坦率建立良好的人际关系？

如何告知上司他的决策有误，还能全身而退？如何应付那些以工作之名走到你的办公桌前，交代完工作 30 分钟之后，还在你跟前絮叨私生活的“黏人家伙”？这本书可以满足你的需要。

市面上有很多关于沟通技巧的书，很多人读过这些书，也参加过类似培训，学习如何应对高难度对话，解决冲突，但实践效果始终不理想。当他人令自己抓狂时，大多数人仍然会选择沉默。因为仅仅学习技巧还远远不够。你可能也知道自己应该说什么，但就是说不出口。你可能觉得未经许可说真话是一种冒险，而沉默是唯一合理的选择。

与人交往时，你缺少的是一份协定。买车或租房时，你肯定会要求签订合同。建立人际关系时你却从来不提这样的要求。

你是不是从来没想过制定这样一份协定，阐明你与同事、客户之间的相处之道？你是不是从来都没听说过这样一种协定？这就是你为什么需要读这本书。我们一直认为一些原则理所当然，比如“相约见面不迟到”“一起吃饭实行AA制”“如有变动，提前告知”等。于是，我们猜测他人也会这样行事，所以没有把期望告知，因为我们觉得这根本无须赘言。

这就好比你从未要求管理某个项目，但一旦它真的没有被安排给你，你又会觉得很失望。

你希望在生日那天收到一个新的平板电脑，但你从来没有告诉任何人，而当朋友们送你一些你不喜欢的装饰性图书时，你却又莫名恼怒。

> 你：“他怎么可能不知道我想要一个新的平板电脑？”
>
> 理性的声音：“因为你从来没有告诉他。”
>
> 你：“但我不用告诉他，他本来就应该知道。”
>
> 理性的声音：“期望别人猜中你的心思，这简直是无理取闹。不如将你想要的生日礼物列出一个清单，然后问问将要送给你礼物的人是否需要这份清单。他们很可能会如释重负，你也可能真的收到自己想要的礼物。”

这个想法听上去有点儿疯狂，但试想一下，如果在每种关系建立之初，都制定一个协定，阐明彼此的相处之道，结果会怎样？

从忍气吞声到畅所欲言，用魔法打败魔法

如果你和他人事先设定对彼此的行事期望，那么当有人违反协定时，你们不仅有权利而且应该直言相告。

这样人们可能就会说出真心话。

你要跟一个总爱迟到的客户会面。预想一下，一种情况是，你提前告知他准时对你非常重要，但他依然迟到了 20 分钟。另一种情况，你提前告知他，你很期待这次会面，如果他迟到超过 15 分钟，你就会离开。结果他还是迟到了 20 分钟，你怎么办？你当然可以直接起身离开，而不必觉得不安。

有些人可能会想：这种事情可能会发生在你身上，但永远不可能发生在我身上，我肯定不会允许他人那样对待我。那么再看看另一个例子。你是否有这样一位朋友或同事，一起吃饭时他总是占你的便宜？你们每次出去就餐，他总是只付自己点的那份菜的钱，还故意忘记将其他费用算在内？他是不是每次都让别人帮他垫钱？你有没有提出异议？我猜你不会提出异议，而你只是一边掏钱，一边想着为什么还跟这种人一起吃饭。

为什么还要对那些小气的朋友或同事忍气吞声，为什么不尝试新的做法？如果坐下来吃饭前，餐桌上的每个人都表明愿意实行 AA 制，结果会怎么样？如果还有人不遵守协定，那么桌上的

任何人不仅有权利而且应该表明态度："哪位小气鬼忘了付餐位费或包间费，我们还差 8 块钱。赶紧把钱掏出来。"如果你想用比较委婉的语气表达，你可以说："我们差了 8 块钱，如果有人忘了付餐位费或包间费，请再交几块钱。"

为什么别人总是占你的便宜？为什么他们总是迟到？因为你纵容他们那样做。

如果提前制定了协定，在有人违反后，你就可以毫无负担地实话实说，不像没有制定协定前那样难以启齿。

如果没有获得畅所欲言的许可，我们多半不会实话实说。我们大多数人害怕破坏关系。我们不但不会说出内心的真实想法，反而会忍气吞声，总是等待迟到的人，还为那些喜欢占便宜的人倒贴费用。

期待他人记住并遵守规则，不如坦率提出要求

几个月前，我在一次会议上演讲，坐在第三排的两位女士一

直在窃窃私语。她们发出的声音让我有些抓狂，但我阻止或指责她们了吗？我要求她们不要交谈了吗？没有！

我想提出要求，但我觉得自己不应该那样做，因为演讲之初我没有要求听众不要讲话。如果我要求这两位女士停止交谈，我的批评可能就无章可循。这就好像你在绩效评估时收到令人头疼的反馈一样。整整一年没有任何人告诉你有何问题，年底突然得知，上司认为你工作不力。我们都不喜欢这样，不是吗？

开会时，有人在玩手机，你能让他把手机放下吗？如果会议开始前没有明确行为指南，主持人如何管理与会者的行为？在这些场合指责他人，会让他们觉得受了冤枉，因为他们觉得既然没有规定，何来约束？他们觉得有理也说不清。

你可能认为根本无须提出这些基本的行为指南，每个人都应该知道在他人演讲时要关闭手机，不要私下交谈。这个道理没错，但一直以来，很多人都没有把这些“约定”放在心上。你参加过多少次这样的会议，很多人都在看手机，还以为别人不知道他们在做什么？

无论开会、交际，还是项目合作等，在行动开始之前都设定期望，当他人的举动令你失望时，你就可以提出抗议。通常情况下，我们承诺过，但总是疏于信守，这应该算是人性的一个弱点。多少次你需要电子邮件的提示才想起参加某次重要会议？

这就是为什么在智能手机出现之前，即使很不方便，我们也情愿随身携带笨重的笔记本电脑。我们疏于信守承诺，这也是私人教练大受欢迎的原因之一。我们并不是时刻需要别人在跑步机旁守着我们，或是不断重复他们的动作，只是如果没有人期望我们按时出现在健身房，不出现就扣款，那么大多数人会不自觉地选择窝在沙发上看无聊的烂片。

与其期待他人自觉记住并遵守所有规则，还不如提前预防。有备无患才是明智之举。比如，你承诺再也不吃甜食，可如果把一大盒冰激凌放在冰箱里，几天内你就会把它吃完。相反，如果冰箱里没有冰激凌，即使心痒难耐，你也只能开车去离家最近的便利店买，但离开家门肯定比走到冰箱前麻烦得多。也许你嫌麻烦就放弃了呢?

于是，自从那次演讲遭遇到两位不停私语的女士之后，每次演讲、培训或是会议开始前，我都会花几分钟明确要求：请听众在演讲过程中关闭手机，不许私下交谈、发电子邮件或发短信等。

我把这些要求写下来，打印出来，每次开会、培训或演讲前都把它张贴在显眼的地方。在茶歇之后和继续开会之前我都会重复一遍。提前广而告之相关内容,使管理“恶劣”行径变得更简单。我不必再充当指责他人的“坏人”，我只需提醒他们尊重协定。

虽然我提出了演讲、培训和会议的行为指南，并且把它张贴出来，但我知道还是有些与会者会跟邻座窃窃私语，或者置若罔闻地玩手机。他们控制不了自己，所以我也事先安排了惩戒措施。

惩戒是指违背事先认可的协定后，大家都愿意承担后果。一个典型的惩戒措施，是开会迟到者必须拿出一元钱放进储钱罐。当储钱罐中钱满时，大家就拿着这笔罚金出去吃一顿！

当我为一家基金公司的员工做培训时，我提出迟到者要么放一元钱到储钱罐，要么为大家唱首歌或讲个笑话。

这些约定好的惩戒措施开始很有效，直到后来想要当众唱歌的人故意迟到。原来他们喜欢当“明星”的感觉。当惩戒变成了奖赏时，我们更换了一个更有效的措施。

我们都知道，人际关系的发展不会总是一帆风顺。只要跟你打交道的不是机器人，就总有可能你会让别人失望，或者别人让你失望。**明确期望、设法预防和惩戒、提供或接收反馈都是有意调整关系的举动。**不管发生什么状况，参与协定的每个人都有权参与制定惩戒措施。希望这种做法能够帮你改善人际关系，这样你就不会无缘无故地被炒鱿鱼或遭同事排挤了。

场景化案例

提出坦率沟通的要求，给彼此畅所欲言的机会

当我想要创立一个品牌时，一家营销中介为我提供了

一份相当宏大的方案，我原本打算与他们合作，但费用却高得惊人。

我们进一步沟通，讨论了方案中的一些细节，加深了解彼此的业务。之后，我说："我们来谈谈价钱，这个方案需要支付的费用太高了，我难以承受。我很愿意跟你合作，但如果那样做，我只好把房子卖了，回去跟我妈住。"

尽管这家中介的老板一下子意识到之前的沟通可能是徒劳的，因为我可能不具备跟他合作的经济实力，但他如释重负地说："大多数人都想砍价，但又遮遮掩掩，都像你这样坦率多好。"

就像跟其他合作的供应商一样，我告诉他："我非常直率，我真心希望你也这样，不用担心会冒犯我。"

尝试一下，要求他人与你坦诚相待，给予彼此畅所欲言的机会。

业务关系建立初期，如何建立信任？

开始建立新的职场关系时，可以参考使用下面这些用语：

与同事建立关系之初。“如果我们一起工作久了，我很可能会做一些让你不满的举动。比如消息回复得太慢、不小心出了差错、不能按时完成任务。为了和你保持良好的关系，我希望在出现这些情况的时候，我们可以坦诚沟通。我愿意听取你的意见，并且保证无论你提出什么异议，我都会感谢你。你能接受这样的工作方式吗？”

与下属建立关系之初。“作为你的上司，我的职责是帮助你实现职业理想，即使之后你可能不会待在这家公司。因此，你在言语、行为、状态等方面的不当之处，我都会开诚布公地告知你，希望你不要介意。”

与直属上司建立关系之初。“我非常看重当前的这份工作，并一直努力寻找晋升机会。如果我在言语、行为、状态等方面有不足之处，或者我的表现不能达到你的预期时，请直言。我一定虚心接受你的指点，并且真心地感谢你。”

管理者如果愿意投入时间和精力设定期望，以更加平和的心态进行沟通，就能够建立信任、融洽的工作关系。

其实，尽管上司完全有资格指出下属的不足，但有时还是会心存顾虑。管理者也和大多数人一样，担心过于直接的反馈会引起对方不满，破坏原有的工作关系，甚至令下属萌生退意。

你可能会想：反馈下属的不足是上司的事情，我不用主动要求。你想得没错，但是如果他们没有这样做，那就是你的损失了。你可能在无关紧要的项目上耗费大量时间；你可能从未被委以重任，但根本找不到原因；你可能觉得自己表现不俗，但业绩平平，加薪无望。

的确，上司应该主动给你反馈，这种想法完全合理，但这却对改善职场交际、实现职业理想毫无益处。

沟通需要“狡猾”一点，懂变通才能得偿所愿

23 岁，我搬到了科罗拉多州的博尔德市。在那里找到了人生中的第一份工作，成为一名培训师助理。第一天上班，公司派我到芝加哥参加入职培训。我与新上司同行，他比我大 6 个月左右，看起来非常傲慢。当天下午，我们开车在一个十字路口等红灯，准备右转。正当我打算右转时，对面车道一辆车左转过来，拦住了我的去路。我马上踩住了刹车。

上司一脸怒容，说：“你为什么要刹车，你又没走错！”我答道：“活着总比逞强撞死好。”

那次经历给我留下的印象比那份工作还要深刻。**从那天起，我为人处世更加注重实用性，而非正确性。这意味着不死抠原则，以更灵活的方式确保自己能够得偿所愿。**

在建立关系之初，上司应该告诉你他的期望。当你的做法不当时，他会给予你反馈。但有的上司会这样，有的则不会。如果你想要的绩效评估不仅仅是“符合要求”，那么你必须了解上司对业绩的要求和所期待的实现方式以及他如何看待你的业绩。

告诉上司，你希望得到他的反馈，并且保证心怀感激地接受意见。实际上你向上司传达了好几层意思：首先，你尊重他以及他的意见；其次，也表明了自己对待工作非常认真；最后，这让上司能够毫无顾忌地给你反馈，不必担心你会因此而顶撞他。

建立关系之初，要求别人大胆给予反馈可能有些奇怪。如果我提供的对话范例听起来尴尬或不切实际，你可以选择其他合适的表达方式。重要的是真正与他人坦诚相待。

要求对方给予反馈，让你变得与众不同!

想一想，有人请你畅所欲言过吗？并且承诺无论你说什么，他们都会感谢你？这样明确的表态能让人马上认识到你的与众不同。大家通常都愿意跟这样的人一起工作。尝试成为这样的人吧！一点也不难，也不用花任何学费。

正如史蒂芬·柯维在《高效能人士的七个习惯》(*The 7 Habits*

of Highly Effective People）中所言："你要向情感账户中储存一部分定金。"尽管摧毁信任可能只需一瞬间，但建立它却需要漫长的岁月。所有持久的关系都是建立在信任基础上。**坦率地给予和接收反馈能为你的人际关系奠定良好的基础，帮助你在那些看似不可避免的误解、失望和失误中全身而退。**

不管你多么谨小慎微，你都有可能犯错。在一份持久关系中，某一时刻你可能因为没有及时回电话、犯了点小差错或者别的什么让对方失望。这时，你难道不希望上司向你直言，给你一次及时改正的机会，而不是许久后才给你一张糟糕的绩效评估或直接把你解雇？

尽管教人们如何坦诚相处的培训项目多如繁星，但对很多人而言，还是很难在组织中畅所欲言，他们甚至根本不会这样做。我们总是认为与人对质非常尴尬，我们不想身陷冲突，总是恪守"沉默是金"的法则。

在事情发展到不可收拾的地步之前，你完全可以找到明智的解决办法。在建立工作关系之初和项目开始之时，就设定明确的期望。告诉同事你想与他们保持良好的关系，与他们商定，如果中途遇到麻烦，应该坦诚相待，不必觉得难以启齿。彼此认可了这样的处事原则，就能够在任何时候都轻松交往了。

在 2 分钟内与任何人沟通任何事的 8 个步骤

按照以下 8 个步骤与人沟通，能让对方表达真实想法，明白自己的行为会造成哪些影响，还能让他积极地与你共同制订解决问题的方案。

1. 说明交谈目的。让对方有心理准备，尽可能让双方都感到舒适。
2. 表达同理心。让对方明白你们进行这类对话是为了提供帮助而不是造成伤害。对方明白你能理解他，接受反馈时就不会那么排斥。
3. 描述观察到的行为。以便对方能回想起你提及的最近发生的哪件具体的事例。你描述得越详尽，对方抵制反馈的可能性就越小，越有可能听取你的建议，并在之后进行有效的调整。

4. **分享行为的影响或结果。**描述行为的结果，也就是当事人行为的后果。
5. **进行对话。**让双方都有机会表达想法，确保沟通双向进行，避免一方滔滔不绝，一方假装在听的情况发生。只有双方都积极参与对话才是良性沟通，一方会提问题，分享观点，另一方也会积极探讨接下来的步骤。
6. **提出未来该如何做的建议或要求。**将来再遇到类似的情况时，对方才能采用不同的工作方式。绝大多数沟通方式是告诉对方他有哪些失当之处以及他造成的不良影响，极少提供替代方法。如果知道更好的做事方式，人们通常会选择更好的。
7. **对接下来的步骤达成一致。**确保接下来对方将做出怎样的调整。很多沟通并没有带来行为上的转变。对接下来的步骤达成一致，能驱动对方带来行为上的转变，也有助于建立问责制。
8. **表达感谢。**结束对话，对接受方愿意进行这样有挑战性的对话表示感谢。

第 2 章

如何让他人按照你的期望去做?

交流中最大的问题，
是其中产生的错觉。
实际上，交谈双方误解
对方意图的情况普遍存在，
而这也是很多交流以失败告终的根源。

销量超 120 万册的带人经典《关键 7 问》

迈克尔·邦吉·斯坦尼尔

我的大客户中有一家会计师事务所，他们的日常业务是处理报税单和审计企业往来账目等。审计工作注重细节、枯燥乏味，同时还需要客户大力配合。对于企业而言，审计是一件不得不做的麻烦事，就像找牙医补牙，虽然很痛苦，但也必须补。

会计师事务所的审计工作进展受很多情况影响，比如审计师数量较少，被审计企业准备不足及人员流动等情况时有发生。

在合作开始前明确流程与各自职责

一天，我听到这家会计师事务所的几位员工在抱怨客户："这家公司从来不做好准备，每年都是这样。我们到了只能坐在办公室干等，而他们每年还抱怨我们没按期完成审计工作，额外增加费用。"

我问他们是否跟客户沟通过这个问题。

其中一位审计员解释:“在审计开始前，每位客户都会收到一封预约函，其中详细说明了需要客户提前准备的事项。”

我说:“这我知道，但在审计前，谁跟客户真正讨论过审计过程中可能出现的问题以及这些问题对审计进程的影响，同时为了确保审计顺利完成，合作双方各自需要适时地做哪些调整?”

那位审计员回答:“我们无权与客户直接沟通，合伙人跟他们签订书面合同时应该做好这些。我们不能越权行事，客户也不会听我们的意见。”尽管客户的首席财务官（CFO）收到了书面预约函，但是他的下属参与审计工作。我敢说，他的下属从来没有见过这份书面预约函。

在这种情况下，合作双方缺少一种口头协定（verbal contract）。在项目启动初期，这种口头协议应该细述企业和审计团队具体的工作方式，而这份口头协定也应该由合作双方派出实际参与审计工作的人员商讨形成。

对于这家会计师事务所来说，审计团队与其客户都没有明确:谁、什么时候、怎样解决审计过程中出现的问题?现场审计人员有资格与客户讨论可能出现的问题吗?客户是否清楚如果不遵循审计流程，要承担什么后果?会计师事务所是否清楚明白地告诉客户，如果审计团队到达后，他们还没有做好准备工作，审计费用就会额外增加?

虽然客户会收到书面预约函，但停留在纸上的沟通远不及当面对话。你是否与合作伙伴争辩过很多次之后，才发现自己早就收到过一份精美的书面协议，上面明确阐述了双方的权利和义务？

大多数合作中都缺乏口头合约，没有阐明各自的职责和处理突发事件的方式。因此当问题出现时，很多人三缄其口。这种情况并不少见。下面就是一个例子。

场景化案例

即使合作对双方都有利，保持合作也很困难

莉萨是公司的人力资源助理，她协助经理卡罗尔筛选应聘人员信息。在这项工作开始之前，莉萨没有从卡罗尔那里获得足够的信息，因此，她筛选的应聘者不适合招聘岗位。卡罗尔拒绝了莉萨安排的所有面试者，并由此判断莉萨工作不力。而莉萨却认为与卡罗尔很难共事，她向公司提出调到另外一个部门的要求。这两个人从来没有跟对方表达过挫败感。

这是不是很不可思议？但这却屡见不鲜！

如果在筛选应聘人员之初，莉萨和卡罗尔相互询问过对方看重哪些方面，同意定期讨论工作进度，并且在进展不顺时及时沟通，那么或许可以避免造成如此不理想的结果。

假设你们团队有 5 位成员，大家需要在较短的时间内完成某个项目，大家齐心协力地认真工作，除了杰夫。

杰夫总是迟到，一半的工作时间在上网，另外一半的工作时间在办公室里找人聊天。其他成员都很不满，在背后指责他。没有人当面跟杰夫说明问题，因为大家都觉得难以开口，也没有人向项目经理告发杰夫。

许多组织里都有杰夫这样的同事，之所以他们长此以往，就是因为我们中的很多人不知道怎样告诉他们如何做，而他们又不觉得自己有问题。

如果在项目启动会上，团队成员约定过如何解决这类问题，尤其是当有人偷懒时应该如何处理，那么可能就会有人勇敢地直接和杰夫沟通。但正是因为团队没有事先提出这些规则，大家甚至觉得代他完成工作比直言他偷懒了更加容易，也更合适。

如果在开始工作时，审计团队成员、招聘助理、招聘经理、项目团队成员等人能够明确要求，人们对自己的职责就会更清楚，当问题出现时，也就能够更加轻松地表明态度和想法。

坦率表达各自期望，赢得好人缘，合作更高效

在一对一的对话中或项目启动会上，按照下面的步骤，与客户、上司、同事明确各自的期望。

第一步：提出目标

我们想建立和谐的关系，希望双方能够轻松地合作，顺利达成目标。

第二步：明确要求

我们谈谈如何确定各自的职责和分工，以便大家明确工作内容。

第三步：约定合作方式

如果发生突发状况，希望我们能够开诚布公地探讨问题所在，不要觉得对方是在针对自己。

第四步：要求反馈

大家在任何时候都可以畅所欲言。我们都希望这个项目能够进展顺利，我们时刻需要了解对方对项目进展的看法。知道哪些做法可行，哪些不可行，有助于我们改善工作。所以我们都应该定期询问对方的意见。

第五步：请他人接受你的反馈

在项目进展过程中遇到任何疑问，都希望我们能够真实地表达自己的看法。这个时候，请你相信，我之所以提出意见，是出于对项目负责任，真心希望项目进展顺利。这一点，需要我们共同完成。

第六步：约定职责范围

我们也应该讨论一下谁有权力与对方就项目进行这类的沟通，只有一些领导可以还是项目相关责任人可以？任何一种方式都可行，我们只是想明确职责范围，这样大家就能够更好地开展工作。

第七步：约定如何保持沟通

我们应该约定以什么方式、多长时间进行一次沟通，评估目前的合作情况和项目进展情况。

与客户明确期望的模板

我们已经合作过一段时间，希望能与你继续保持良好的关系，所以希望双方能够坦诚相待。如果你有任何顾虑和异议，请告诉我们，我们会虚心听取你的意见和建议。同时也希望你能接受我方的坦率。

不管我们如何周密安排，可能还是会遇到一些突发状况，比如人员流动、项目不能如期完成等都会令我们手忙脚乱。如有意外，或者有所顾虑，我希望我们能够直接向对方表达自己的看法。你是否能接受这种沟通方式？你希望我到时和谁进行这类沟通？

我们会定期联系你，询问工作进展和合作的情况。希望我们能够坦率地沟通，也欢迎你随时向我方反馈，希望能够轻松、顺利地实现这次合作。

与团队成员明确期望的模板

第一步：告诉同事

我想和你保持良好的工作关系。

第二步：要求大家坦诚相待，当你让团队成员失望或满意时，希望他们给予你反馈

当我与同事开展这类对话时，我说话的方式比较随意："我想跟你保持一种坦率的关系，大家能够知无不言、言无不尽，而且不用担心说错话惹麻烦。如果你认为我的一些做法不可取，或让你觉得不快，请告诉我。我一定会认真听取你的意见，不会乱发脾气。你觉得这样可以吗？"

还有一种表达方式更随意："我希望一切进展顺利，如果你发现我做了傻事，我希望你能告诉我，你觉得怎么样？

如果你愿意，我也可以这样对你。”

我打赌你肯定在想：如果我跟同事这样说话，他肯定以为我在发神经。但根据我的经验，他们不会这样想。他们会说：“好的，没问题。”而且会想：我们看到对方做傻事时肯定会相互提醒。即便如此，我们都遇到过这样的同事：开会时毫无准备、上班衣着随便、早退，正因为大家觉得提出异议很尴尬，于是选择闭口不言。

如何表达不重要，重要的是你开展了这场对话。坦率关系的建立绝非偶然，我们有时会想：我还不太了解她，跟她说大家认为她反应太慢不妥。等我们加深了对彼此的了解，我会直言相告。但在这之前，我不会发表意见。

第三步：明确职责，定期沟通，评估项目进展和合作状态

我想弄清楚自己和其他同事的工作内容，我们能否相互介绍一下各自的职责，确保大家都清楚自己的职责范围，并且毫无异议。此外，我们还应确定核查和评估进度的周期和方式。

在多数关系建立之初，我都会尝试做这样的沟通。否则，一旦有了什么突发状况，就很难向他人直言。

我的朋友克洛伊经营着一家小型 IT 咨询公司。Micro Graphics

是她的一个大客户，最近却终止了与她的合作。刚揽下这位客户时，她的工作做得非常到位。之后，她将这项业务移交给一位直接下属。没过多久，该客户取消了跟克洛伊公司的合作，听说是因为该客户对这位后续跟进人员的工作极不满意。

我和克洛伊已经认识 1 年左右。在朋友关系确立之初，我们没有约定是否应该或者何时应该给对方提供适当的帮助。得知这个情况时，我不知道自己是否有资格给她提些建议。某天一起共进午餐时，我很随意地说："听说你在跟 Micro Graphics 合作，事情进展得怎么样？"克洛伊说："他们决定自己做那个项目，我们不再跟他们合作了。"

客户没有跟克洛伊明说为什么解除合作，她自己也不清楚这之中的真正原因。我也很想给她一些建议，但感觉说不出口。如果非得让我告诉克洛伊实情，我们应该事先约好无论听到关于对方的什么消息，都应该坦诚相告。

幸运的是现在设定这些期望还来得及，我随时可以对她说："在大部分关系建立之初，我总会提议大家做一些约定，例如，如果我们觉得对方应该知道某些事情，一定坦诚相告。对不起，我们刚认识时我没有提出这种建议。你希望我们这样约定吗？如果我们觉得对方应该知道某些事情，不管多么难以开口，我们都会坦诚相告。你觉得怎么样？"有了这样的约定，我就能给她一些建议，使她有机会改善经营和管理方式。

如果我很在意这份友谊，我会马上设定期望。但如果我并不看重这份友情，也就懒得再设定什么期望了。

在合作关系建立之初，就与对方明确各自的期望。切勿一厢情愿地认为工作进展将一帆风顺，假设工作过程中会遭遇各种各样的困难，做到有备无患。大家可以一起讨论如何顺利开展合作、如何避免失误以及如何应对可能出现的困难。同时，主动告知对方自己的想法并请对方提供反馈，避免将错就错和造成误会。

让沟通更有效的 10 条小贴士

在工作中很难做到坦率交流。以下小贴士将帮助你驾驭艰难对话。这样进行交流能让你打开对方的心扉，有效传达你的心声。

1. 别不请自来地提供反馈。人们会把它当作耳旁风，而且会因你多管闲事而心怀芥蒂。
2. 询问先行。如“对于这件事我有些想法，可以和你们分享吗？”。
3. 言简意赅。人们更愿意被告知，为了听这事他们需要抽出 2 分钟，而非 20 分钟。你可以在 2 分钟或更短的时间内，对任何一个人说清任何一件事。
4. 表达婉转。没人喜欢被他人告知自己犯了错。相比直言批评，更应该通过询问的方式给予反馈：“那真是个有趣的决定。你能帮我了解它的来龙去脉吗？”

5. 私下给予反馈。别在人数多的场合或是开放空间批评他人。

6. 如果需在人数多的场合给予他人反馈，尝试在公众与私人场合对其表示歉意，以此重建信任。

7. 别空谈感受。那样做会让人感到被评判，也于事无补。“我好沮丧。真不敢相信我们又在讨论这件事了。”说这样的话只会让听者建立心理防卫。

8. 聚焦于事实，而非情绪。“你最近提交的两份报告超过了截止时间，内容里面出现了 5 个错误。”

9. 给予反馈之前进行自查。对某人说：“你说的这点我留意过”或“其他人已经说过了”，只会制造多疑，破坏关系。

10. 如果对于要反馈的观点，你尚未找到可佐证的事例，你的准备就不够充分。等待时机，同时与他人交谈，直到你找到一个可具体佐证的事例，再给出你的反馈。

第 3 章

如何变被动为主动，建立真正的信任？

如果所有人一开始就协商好，
明确商定统一的准则和标准，
那么合作将会更成功，
每个人的工作表现也将更出色。

以 15 种语言出版畅销全球的《语言影响力》

雪莉·罗斯·查维特

第 3 章　如何变被动为主动，建立真正的信任？

25 岁时，我在一家全国性的领导力培训和咨询公司找到了一份销售工作，但我从来没有卖过东西，对销售一无所知。是否接受这份工作，取决于我是否愿意搬到科林斯堡生活。科林斯堡是科罗拉多州北部的一个城市，位于怀俄明州边界以南。在一个陌生的城市从事一份陌生的工作，这让我心生怯意。但凭着对培训行业的热爱，我还是接受了这份工作，搬到了科林斯堡。

工作 4 周后，我收到了上司从 130 千米外的丹佛办事处打过来的电话。他怒气冲天，吼道："你去哪了？都 4 周了，我还没看到你的影子。"我告诉他我在科林斯堡，适应新的工作环境，并且联系潜在客户。我在做本职工作，至少我这样认为。

他仍然怒气未消，接着说："科林斯堡？你去了科林斯堡？所有的新员工都有 3 个月的试用期。谁让你擅自跑到科林斯堡的？没有我的批准，你不能搬去那里。"

对他说的这些，我一无所知。

他还在继续：“每周五下午 2 点来我的办公室。我想知道你给谁打过电话，见过哪些人，做了哪些事。很明显，我无法信任你。”然后，他就挂掉了电话。

天哪！

虽然这段经历当时让我很烦心，但它使我获得了非常宝贵的职场经验，15 年过去了，这些经验仍然非常奏效。

我的上司从没有告诉过我要等到 3 个月后再搬到科林斯堡，他从来没说过每周必须见到我，他从来没说过我应该跟进打过的电话和安排的会面，并且向他汇报。

他认为我应该知道。

遗憾的是，这种情况并不罕见。每次进入新公司，我都必须重新学习与他人共事的方式，如果不了解他人的工作习惯和喜好，很可能遇到各种麻烦。

后来，我厌倦了这种痛苦的学习过程，决心自己创业，将职场关系、工作成就感和事业前景掌握在自己手中。

不要猜测，直接询问对方的工作习惯和喜好

我对之前的同事有过哪些不真实的主观猜想呢？我列了一份

清单，将这些想法记录下来。每冒出一个猜想，我就将它添加到这份清单上。这份清单原本随手写在酒店的小便笺纸上，现在已经发展成一份长达12页、单倍行距的电子稿了。

在新环境中与他人共事时，猜疑、挫败感经常会成为人们沟通的障碍，在接下来的几章里，我将分享自己积累的许多经验，希望能帮助大家消除毫无根据的主观臆断。

恰到好处地与他人共事，并非一日之功。这取决于你的新上司或新客户是否开明、是否擅长沟通，掌握与他们共事的最佳方式可能需要多年的反复摸索。他们喜欢什么沟通方式，电话还是电子邮件？他们希望你提前预约还是可以随时即兴谈话？他们在什么时候工作状态最好，上午、下午还是晚上？

如果不了解别人喜欢的工作方式，我们就会主观臆测，按照自己的想法来对待他人。

如果你喜欢电话沟通，那你会选择给他人打电话。如果你习惯于有条理地安排时间，你会选择提前预约的方式。但这时你的喜好并不重要，重要的是你的上司、同事和客户的喜好。**只有尊重他人的喜好，他人才可能满足你的需求。**问题在于，就算你没有顾全他人的喜好，大多数人也不会告诉你。他们不会向你提出要求或给出回应，反而可能对不满闭口不言，之后在私下抱怨你、搞小动作，甚至直接炒你鱿鱼。

在新环境与他人共事时，为了避免不可预知的失误，迅速适应环境，一个有效的做法就是询问他人的工作习惯和喜好。

几年前，我录用了一位经理，她是我的直接下属。当时她在得克萨斯州，我在科罗拉多州。她上任5周后，给我提供了一些清楚的反馈信息。

她给我打电话说："面试时，你说自己非常关心员工，开始时看起来确实是这样，但是现在我有点怀疑。10天前我给你发了封电子邮件，可一直没收到回复。我上周重发了一次，还是没有回音。"

我希望这位新员工喜欢公司的氛围，喜欢跟我一起工作，但是几周过后，我的表现让她怀疑加入我们的团队是否明智。

我每天至少收到150封电子邮件，如果打开、阅读、回复每一封电子邮件需要3分钟，我每天至少需要花7.5个小时处理全部电子邮件。立即回复所有电子邮件根本不现实，我只能在空闲时选择性地回复它们。

我的失误不在于没有及时回复电子邮件，虽然我的员工可能不同意这一点，我的失误在于没有为员工设定合适的期望值。

其实我只需跟员工说："我每天收到很多封电子邮件，回复起来会比较慢。如果你没有及时收到我的回复，请不要认为我对你有意见，或者觉得我不重视你和你的电子邮件。如果有急事，请给我打电话，我回复语音信箱的速度比回复电子邮件要快得多。”

这条信息非常清楚、易于传达，但我仍然没有做到。我没有想到这一点，直到和谐的工作关系遭到破坏，需做出补救措施时我才想到。

后来我去了另一个组织，在那里我碰到一位员工，他将自己做的事情事无巨细地向我汇报，把我根本不需要看的电子邮件抄送给我。信息量过于庞杂，我分辨不出轻重缓急，幸好我吸取了以前的教训。

我打电话告诉他：“迈克，很感谢你尊重我的知情权，但是你给我发送的信息过于庞杂，我处理不过来，因此也看不出哪些事情是最重要的。我希望能看到和回复真正需要我参考意见的信息。你不必向我汇报所有的工作，只需告诉我其中最重要的部分，以及你在哪方面需要我的协助。只有这样，我才能反馈你最期待的信息。”

这样直接指出迈克沟通方面的判断力确实有些尴尬。我也想表现得平易近人，为他提供及时的帮助。与其忽视他发送的所有电子邮件，让他眼巴巴地等待回复，还不如直接告诉他我不能阅读他所有的电子邮件。

小事不小，从细节入手掌握他人的行事风格

身处办公室，你会听到大家对一些“小事”的抱怨。虽然这些事情在你看来无关紧要，但对他们而言却事关重大：会议结束后会议室总是一片狼藉，办公设备被到处搬移，开会时借用的椅子没有按时归位。

我们可以一笑置之，但这种办公室“小事”很可能持续造成不良影响。如果你借用了某位同事的椅子而没有归还，他可能会因此断定你做事不够周全。只因为你的这个小过失，当他组建下一个项目团队时，很可能会把你排除在外。

我不是建议你在办公室必须得表现得小心翼翼，生怕惹恼了同事。恰好相反，不要妄自揣测别人的喜恶，而应主动询问他人喜欢哪种工作方式并告知他人你喜欢的工作方式，从而更好地共事。

告诉别人我希望建立良好的、坦率的关系，鼓励双方畅所欲言，并且希望他们允许我再问几个问题。通过询问，我就获得了很多有关他们工作风格的具体信息。你可以问同事、团队成员、上司下面这些问题，以便更好地了解他们的工作风格：

1. 你最喜欢的沟通方式是电子邮件、语音留言、短信、MSN、电话还是面谈？

2. 你什么时候工作状态最好，上午、下午还是晚上?
3. 如果我们需要沟通，你喜欢提前预约、电话讨论还是在你的办公室面谈?
4. 如果我需要在工作以外的时间联系你，哪种方法最合适? 什么时间打电话最方便?
5. 你是否接受他人给你手机打电话，讨论工作上的事情?
6. 工作时，你最不能忍受哪些情况?
7. 我如何得知你状态不佳?
8. 如果我迫切需要你的帮助，哪种沟通方式不会过分打扰你?
9. 如果我需要将某些东西交给你，而你又不在办公室，你希望我把它放在桌上、椅子、信箱里，还是交给你的助理?

这些问题涉及一些小事，恰当地处理可以令与他人共事的过程变得轻松，而一旦忽略这些细节，它们就可能给你的工作带来很大的麻烦。同时你还必须遵守一条“金科玉律”：不能通过电子邮件询问这些问题。

花时间询问他人偏好的工作方式能够建立和谐的关系，而通过电子邮件发一连串问题显然不合适。询问这些问题时，沟通的过程和获得相应的信息同样重要。如果你发了一封满是问题的电子邮件，询问他人偏好的工作方式，他人可能会做出错误的猜想。他们可能认为："公司正在裁员，他们利用这些问题判断哪些人应该早点走。"

为了建立和谐的工作关系，最好当面询问。如果距离较远，也可以通过电话沟通。选择比较重要或者你比较感兴趣的问题，如果你想问某个问题，但直接问不合适，你可以换种方式表达。重点不是你问的内容，而是问的过程。

老板与员工的矛盾：白天不懂夜的黑

我的前任上司喜欢白天工作，而我喜欢晚上工作。他每天早上 7 点到办公室，下午 6 点离开。下班后他完全不工作，他不会查收电子邮件，也不会看语音留言，他的妻子规定在家里"禁止使用手机"。

我上班时间从没有早于早上 9 点过，如果公司规定电话会议在晚上 10 点召开，我还求之不得。当我觉得精神抖擞时，我的上司可能都要上床睡觉了。

我知道总有一天，我需要在晚上跟上司汇报工作，但是不知道如何才能联系上他。我能不能给他家里的座机打电话？遇到什么情况能够打电话？我最晚可以什么时候打电话给他？我本来可以把这些问题在心里酝酿好几个月，但万一遇到突发事件，我就会变得手足无措。

我考虑再三，还是决定直接问上司："如果我需要在晚上联系你，可不可以给你打电话？最晚可以什么时候打电话，能否告知我号码？是不是只有遇到紧急情况才能给你打电话，还是说遇到简单问题也可以？"上司把他家里的电话号码给了我，非常明确地告诉我只有遇到非常重要的情况才能打电话，而且不能超过晚上 10 点。

那份工作我做得非常艰难，工作 1 年后的某一天，我的心情糟透了。我无法接受一位同事的做法，如果我是老板，我肯定让他卷铺盖走人。

我看了下手表，时间是晚上 9 点半，我给上司家里的座机打了个电话。那场对话让我终生难忘。我站在一家杂货店的门口，吼道："这份工作就像穿着滑雪服独自游泳，还是逆流而上！"

上司安抚了我的情绪，并帮助我找到了解决的办法。我感觉好多了，如果事先没有征求在紧急状况下打电话的许可，上司和我可能都没办法理性处理这种状况。

不要等到“状况”出现，才考虑如何沟通才合适。不要耗费数月、数年的时间，揣测他人喜欢的沟通方式。只要主动询问，你就能让工作关系变得融洽，并且证明你关心同事和下属的心头大事。

下面还有些问题，能够帮助你更好地了解一起共事的人：

1. 你的生日是什么时候？
2. 你的爱好是什么？喜欢吃什么？经常去哪里逛街？
3. 工作中你最看重什么？
4. 你有什么问题想问我？

我在很多组织传授这一理念时，有些人提出异议：“前两个问题虽然很友善，但无实际用处。虽然我希望与人为善，但在工作中我从不做无用功。”前两个问题能够让你以他人喜欢的方式认可他们：大多数人因他人能记住自己的生日而心存感激，你也无须表现得过于隆重，一封祝福生日快乐的电子邮件或是一句语音留言就足够了。

如果有一天，一位同事帮了你一个大忙，或者他取得了很大的成就，这时，你送他一份他喜欢的品牌的礼物，或者在他偏爱的餐饮店请他就餐，那么这种行为会让他强烈地感受到你对他的关心。因为在他看来，你愿意花时间和精力了解和记住他的喜好。如果他不喜欢喝咖啡，你偏偏送一份星巴克代金券给他，这种表示的弦外之音也很明显：你根本不知道他的喜好，也从来不加以了解。

当然，记住每个人的生日或喜欢的餐馆不现实。为每位同事建一份纸质档案或电子档案，记录下他们的信息。当你需要“记起”一些信息时，你只需查询这些文档。我觉得在祝福他人生日快乐之后收到感谢是一件美妙的事，但我其实连自己的生日都记不住。我只是设置了日历提醒功能，让它帮我记着，用微博、微信或者其他方式都可以。

最后两个问题是开放式的，表明你愿意敞开心扉与别人坦诚相待，这样一来，你们的话题会越来越多。问一些别人关心的问题，不断拓展话题会帮助你获得很多有价值的信息。

最好别逢疑必问，你需要了解而不是审问别人。有些人喜欢这样沟通，愿意回答这些问题，而有些人可能不感兴趣，也不明白这样做的价值所在。

如果对方感兴趣，反馈给你很多信息，你就可以继续提更多问题。如果对方表现出些许的不耐烦，你应该在问几个问题后，马上转移话题，另找其他合适的时间，没必要急于一时。

在关系建立之初，问这些问题是最理想的，但之后问也不晚，提问时也不必觉得尴尬。正如你随时可以征求与对方坦诚相待的许可，你也可以随时询问他人偏好的工作方式。比如，你可以这样跟老同事说：

> 我们一起共事已经有一段时间了，但我对你还不是很了解，比如我很想了解你喜欢的工作方式，以及你难以接受哪些做法，所以问你几个问题，你介意吗？
>
> 有需要时，你希望我们电子邮件联络、电话联络还是面谈？
>
> 通常由我来制定部门的会议日程，我从来没有征求过你的意见。请问你有什么建议或意见吗？还是遵循惯例？

如果你询问他们喜欢的工作方式，人们愿意发表自己的意见。因为这表明你关心并且愿意满足他们的需要，这种待遇谁不想要？

场景化案例

主动询问他人喜欢的沟通方式，让工作关系更融洽

几年前，我与一位上司坐飞机从丹佛飞往纽约。为了更加顺利地与她沟通，我准备了一张问题清单，问她是否愿意在飞机上和我聊聊这些问题。她同意了，出发那天，

我将问题清单交给她，我们相谈甚欢，之后的工作关系也相当顺畅。

我的另一位上司对此举的反应完全相反，如果我要求面谈，讨论各自偏好的工作方式，或是到他的办公室将问题清单交给他，他肯定会嘲笑我和那份“煽情、无聊的培训垃圾”，将我拒之门外。但我没有就此放弃，每次遇到他，我都会在交谈中问几个问题。最后，我还是获得了自己想要的信息。

还可以尝试下面这些方法在对话中询问他人偏好的工作方式：

我想与你建立良好的关系，希望我们能加深对彼此的了解。我可以问你几个有关工作方式的问题吗？现在问你方便吗？还是另找时间？

因为我们经常合作，所以我认为很有必要了解彼此偏好的工作方式。你觉得呢？你愿意现在讨论，还是另找时间？

我希望我们可以愉快地共事，所以大家相互了解一下彼此喜欢的工作方式，你觉得怎么样？这样我们就知道工作中怎么做比较好，不会无意间令对方感到不适。

一起休闲娱乐不一定能促进团队更好地协作，而询问工作方式的偏好能做到这一点。

用符合自己性格和风格的语言，怎么提问并不重要，重要的是提问的过程。这些问题可以在一对一的对话中展开，也可以在团队或小组对话时展开。在团队会议中，我最喜欢提出一个问题，让大家轮流回答，并且每次可以换不同的问题。

在团队中谈论这些话题可以帮助成员之间增进彼此的了解。我们中有一些人认为直接问工作方式喜好的问题不妥，更不指望他人会顺应我们的偏好。但这似乎没有什么难度吧？

如果你想拥有坦率的工作关系，你需要尝试这样做。虽然他人不一定会完全配合，但要是他们连你有什么要求都不知道，那就更不可能配合你了。

允许所有人跟你实话实说

给予他人坦陈各自好恶和需求的机会，有助于营造真诚、开放的氛围。我最不能忍受别人不停地按下和弹起笔帽或是不停取下和戴上笔帽，或是不停地用笔敲击桌面。我是不是很难伺候？

但事实上，我的耳朵很敏感，所以这些声音对我来说是噪声，这会干扰我的工作。开会时听到这种声音，我就会分散注意力，不自觉地开始琢磨如何让那个“敲笔狂”放下那支该死的笔。

如果一起共事的人曾讨论过各自的忌讳，并且当他人做出自己难以忍受的举动时，允许自己及时反馈，我就可以轻松地走到敲笔的人面前，告诉他放下笔。但因为没有那个前提，我提出的异议，可能令他不满或者干脆觉得我是个“怪胎”。

允许他人跟你实话实说，能让你成功建立坦率的人际关系。

坦述实情并提出要求需要获得许可。如果我们曾经开诚布公地讨论过各自的好恶，并允许同事提出要求，即使不能保证大家完全畅所欲言，至少也可以让气氛不那么尴尬。

在团队中分享各自的好恶，还能让每个人在同一时间分享同样的信息。很多管理者、组织或团队陷入困境，是因为采用了“小道消息”这种信息分享方式。在这种氛围下，信息不是同时在整个组织、部门、团队中分享，而是在不同的时间、以不同的方式影响团队成员。

这种方式漏洞百出，大家在走廊、办公室、茶水间议论纷纷：“她为什么只和你说这些话，而没有和我或者其他人说？”“这不是我听到的版本，你听到了什么？”

当公司采用不透明的方式发布重要信息时，员工的情绪本来非常平和，也容易变得紧张不安甚至歇斯底里。但管理得当的公司懂得公开发布信息，以防员工焦虑，努力增进公司与员工之间的信任。沟通的方式越是透明、公开，信任度越高。信任度越高，员工对待公司就会越坦率。

如果上司或项目经理怎么也不愿意谈论这些项目的进展情况，你该怎么做？如果你不是部门、团队或会议中起决定性作用的人，你怎样才能感染他们？

获知共事的人喜欢的沟通方式，对你会有所帮助。它不仅有利于你的职业发展，而且有助于你树立威信，让你生活得更轻松。

如果为了得到一点信息，你需要给一个部门主管发三四次电子邮件，不仅浪费了时间，而且会有挫败感。他是不是故意无视你？或者他只是喜欢电话沟通？最简单的办法就是直接问他喜欢什么沟通方式。

你是否不敢问上司的好恶，担心自己没有这个权利或者他们没耐心给你解答？别担心，试想一下谁会拒绝他人主动配合自己的喜好呢？大家都想让生活变得更轻松，不是吗？

工作中，应该谁主动配合谁？

主管应该配合下属的沟通方式，还是说主管的地位就意味着下属必须顺从他的偏好呢？如果你是一位外联销售人员，是客户顺应你，还是你顺应客户？答案很简单，虽然可能不完全符合你的喜好。主管和客户通常享有优先权。如果你在一个行业摸爬滚打多年，晋升到一家公司的副总，也会有人顺应你的喜好，但在这之前，你应该遵守这样的规则。

如果你是一名项目经理，想要和 IT 部门的主管碰面，必然应该由他来决定会面时间。如果最重要的客户想与你当面交流，你应该马上坐飞机去跟他见面，即使你认为电话交谈也完全可以达到目的。这就是规则。

众多共事的人中，一定会有一些人最终成为“合作伙伴”，另一些人只适合做“路人甲”。想想你希望与之合作的人，以及你不想与之合作的人。

大多数公司都对难相处的员工或不好对付的客户避之唯恐不及。我刚开始创业时，一家大公司是我最早的客户之一，这个公司的规章制度繁多、文书工作繁重。

我根据合同为这家公司提供服务，监督我工作的那个人是个典型的控制狂。他质疑我做的每一件事，凡事都要发表意见。

因此，这份工作我做得相当有压力，毫无乐趣。

由于这家公司付账系统太令人费解，我花了 12 个小时打电话和发电子邮件，才弄明白如何获得报酬，5 个月之后才收到支票。合同期满后，我没有续签合同，实在不值。

不管你身居何职，从事哪种工作，你都可以让自己变成大家喜欢的“伙伴”。了解工作方式的偏好、谁主动配合谁，这些跟坦率有什么关系？

你的行动已经告诉与你一起共事的人：你想保持良好的关系，而且非常有诚意，你还想增进彼此的信任，因为只有相互信任的人才能坦诚相待。

与他人建立一种坦率、自然的关系，并非一日之功，而是一个循序渐进的过程。从主动求解到适当配合，一步一个脚印。把冒犯、误会和尴尬产生的概率降到最低，一段和谐的关系值得我们付出努力。

你对他人了解越多，就越容易避免不必要的冒犯和尴尬，进而维持良好的关系。

每一位职场人士都应该思考的 21 个职场难题

1. 晋升。我已经错失了 3 次晋升的机会。我该怎么办？员工该做些什么才能让自己成为“晋升候选人”？

2. 难缠的上司。我喜欢目前的工作，并不想辞职，但我实在无法忍受与上司共事。我该怎么做？

3. 工作场合的八卦。同事谈论我的八卦，影响到了我的声誉。如何才能让他们停止？

4. 客户的流失。我的客户正在流失，可我不知道原因是什么。我该怎么做？

5. 错失工作机会。我已经面试过很多次，可一份录用通知都没收到。如何才能找出我未受雇的原因？

6. 被解雇。我已经被解雇 3 次了。如何才能找出公司解雇我的具体原因？

7. 录用决策失误。我总是录用一些不合适的员工。如何才能做出更明智的录用决策？

8. 与极难相处的人共事。每个组织都有那种极难相处的人。其他人该如何做才能与这种人共事？
9. 在工作中收获更多。员工该做些什么，才能承担更多责任，受到更多人尊敬？
10. 与难缠的客户共事。如何搞定这些难相处的客户？
11. 维系客户。如何留住你的重要客户？
12. 留住表现最棒的员工。如何留住你的最得力员工？
13. 摆脱表现糟糕的员工。如何才能摆脱那些表现糟糕的员工？
14. 员工工作效率。如何让员工停止上网，回到工作状态？
15. 获取客户反馈。如何做才能避免再一次被客户炒掉？
16. 认清职业声誉。如何认清你在工作中的声誉？
17. 管理职业声誉。如何管理你的事业与声誉，避免再次被解雇或是再次错失晋升机会？
18. 修复已被损害的声誉。你的职业声誉被玷污，如何进行修复？
19. 获取更多反馈意见。如何克服你的盲点，并在工作中获取更多反馈意见？

20. 给予反馈意见。当你心中的真实想法不够“悦耳动听”时，该如何将它传达给你的同事或客户？

21. 向上司提出异议。“向上管理”是许多专业人士尚未习得的技巧。你能找到方法对任何人说任何事，然后他们还对你表示感谢。

HOW TO SAY ANYTHING TO ANYONE

第 4 章

如何高效管理，向下兼容？

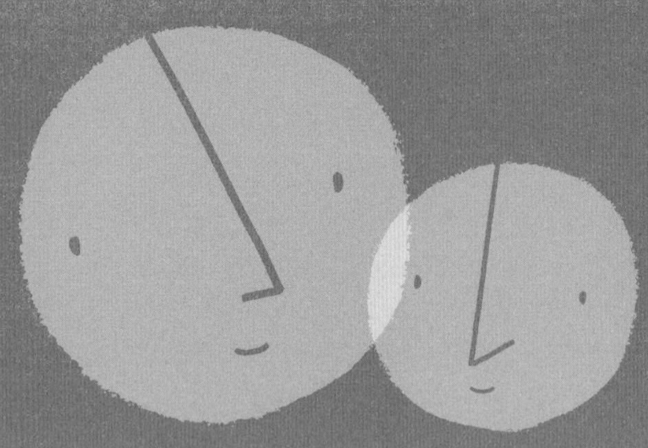

作为一名管理者和领导者，
你的职责是为人们
创造出学习的机会和空间。
为此，你需要提出一些问题，
来驱动他们的双回路学习。

销量超 120 万册的带人经典《关键 7 问》
迈克尔·邦吉·斯坦尼尔

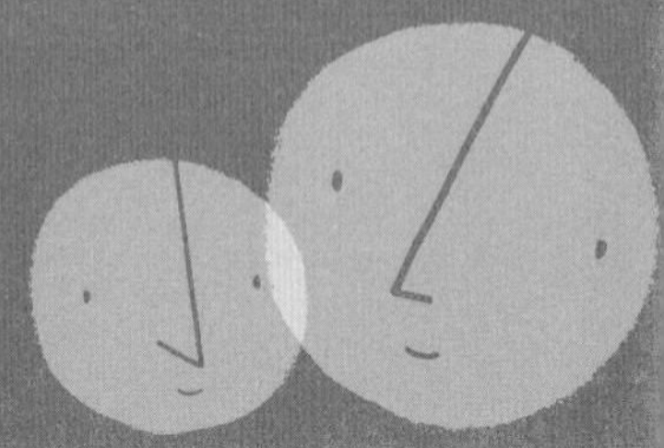

你知道吗？99.99% 的员工流动性是可预见的。作为管理者，员工要走要留你应该了如指掌。如果员工辞职令你感到吃惊，那么你显然没有你想象的那样了解他们。同样，员工会取得怎样的业绩，你也应当有所预见。

只有与员工坦率沟通，他们才会向你倾诉工作上的不满。只有员工与你坦诚相待，你才有机会挽留他们。如果员工能坦率地告诉你他们对工作的满意程度，你就不会遭遇“意外惊喜”。

即使你不是管理者，这一章的内容你也有必要了解一下，因为你会看到一些上司“见不得光”的小秘密，难道你不想知道吗？

主动发起坦率对话，让沟通精准有效

假设员工会按照你的方式对待工作，这是管理的一个误区。

也许你从来不会把任务拖到很晚才完成，不会为了赶进度，提交一份有重大纰漏的任务报告，也不会在业务最忙的时候休年假。同样，你假设员工也不会这样做，但事实并非如此。

员工不会按照我们的方式对待工作。在他们来到公司工作时，我们就需要向员工明确要求，并且询问他们对我们的期望。这种沟通宜早不宜迟，等到员工做出让我们失望的行为或是当他们对公司规章制度产生不满时，才开始沟通，为时已晚。在开始时，这样做不会伤及个人关系或情感，提出明确要求和了解他们的期望是一项必要的程序。

这章内容主要为管理者而写，但即使你不是管理者，阅读一下也会有所收获。你的主管可能明确提出了要求，并允许你真实大胆地表明想法，但也有可能他没有这样做。随着工作经历的丰富，你肯定会遇到各种类型的管理者。

不管你为谁工作，你都应该享受这份工作，并为自己的职业生涯负全责。

如果你期望通过上司的指点获得进步或晋升，可能要等很长时间。我希望你不管为谁工作，你都能获得发展并且有成就感。如果你的上司没有主动跟你沟通，你可以寻找机会，主动发起这些关键对话。我们应该努力掌控自己的职业生涯和工作关系，而不要盲目等待他人决定我们的发展。

如果在工作关系建立之初，上司和下属能花点时间相互了解，对二者都有好处。这样做的最好方式是什么？答案是简单、直接地提问。

工作开展之前，应该直接询问哪些坦率的问题？

录用新员工时，我会遵循下面这样的流程。

首先，我会说：

> 作为你的上司，我的职责就是帮助你实现职业理想，不管你今后是否还在我们公司就职。因此，你的哪些话语、行为、状态是好的或者不好的，我都会告诉你。

你要明确表示将关注员工的表现，并且会及时给他一些提示或指导。说起来大家可能不相信，很多管理者从来不会这样做。

如果你已经工作过好几年，你肯定遇到过这样的管理者，他会告诉你："你做得不错，继续保持。"虽然很中听，但对于你的能力提升毫无帮助。

实际上，简单告知员工你会关注他并且随时给他一些建议，就能在双方之间建立一定的信任。

作为员工，我们有时会对上司的意见左耳进，右耳出，毫不在意。如果把他们作为自己信任的人，我们就会接纳他们的建议，相信他们是为了我们好。

作为管理者，如果不能与员工建立这种互相信任的关系，你给员工的反馈无异于自言自语，他们一个字都听不进去。

然后，我会说：

> 我希望与你建立良好的关系，如果你愿意，我们可以好好沟通一下。请你先看下这些问题，一周之后我们可以针对这些问题聊一聊。你也可以想一想有什么问题想要问我，我会尽可能地回答你，如果有的问题我不便作答，我会告诉你，并且让你知道原因。加深对彼此的了解，能够帮助我们在之后的工作中更好地相互配合。

我建议管理者安排一次 90 分钟或两次 45 分钟的面谈。听起来好像很浪费时间，但仔细想想，修复一段被破坏的关系需要花多少时间？发现一名不合格的员工，然后辞退他需要花多少时间？培训新员工需要多少时间？在这次对话中，你会获得很多信息，这些信息本来在面试阶段就可以而且应该加以了解。在开展工作之初，花时间明确要求和期望能够帮你免除后患。

有很多公司请我为他们做“反馈培训”（feedback training）。这些公司的负责人担心他们的管理者没有给员工足够的反馈，导致员工进步缓慢，或者员工根本不知道自己的表现是好是坏。

不管你的性格多么直率，你和员工的关系如何亲密，指出员工的不足之处确实不好开口。在最开始就明确要求和期望，可以降低正面冲突的概率。员工不必猜测上司的期望，而更有机会通过努力达到上司的预期。

正如威廉·尤里（William Ury）在《谈判力》（*Getting to Yes*）中所说：“磨刀不误砍柴工。”投入时间，从一开始就建立高效的工作关系，日后会受益无穷，我保证。

与新员工面对面沟通时，我会坦率地问下面这些问题（Candor Questions）：

1. 你选择我们公司的三大理由是什么？
2. 你会因为什么离开公司？
3. 你为什么选择这份工作或这个项目？你希望从这份工作或职责中获得什么？
4. 你的成就感来自哪三个方面？
5. 接受表彰时，你喜欢私下肯定你的表现，还是公开表扬你？

6. 你最想培养哪方面的技能?
7. 你今年以及今后三年的目标是什么?
8. 你最喜欢做什么?
9. 你最想做但一直没有机会做的是什么?
10. 你有什么顾虑?
11. 我要怎样才能知道，你感觉不太好，需要我的帮助?
12. 你还希望我了解你哪方面的情况?
13. 你想了解我的哪些情况?
14. 你还有哪些问题?

这些问题都很简单、浅显。你可能在想：我当然应该问这些问题，我以前为什么没有这样做?

近 15 年内，我就职过许多不同的公司，也遇到过很多非常出色的管理者，但没有一个管理者问过我这些问题。每次我都要反复摸索与他们每个人的相处之道，琢磨他们对我的期望。

每当我在不知情的情况下违背他们的期望，都会造成尴尬局面，而弥补这种失误，可能需要数月，甚至数年。我希望以积极的方式开始一段新的工作关系，不想违反不成文的规定而不自知。于是几年后，我尝试主动与上司交流，自己问这些问题。

员工刚刚入职时，询问上述问题可能有些冒险，他们回答时可能犹豫不决。也许工作几个月之后，员工才能自如地回答这些问题，但这不意味着你不应该提问。很少有管理者会问这些问题，所以光是你提问的这个举动就能够得到员工的“认可”。更重要的是，你在尝试建立一种融洽、稳定、充满信任的关系。

如果你觉得其中某些问题有些敏感，可以调整提问的方式。你可以这样说：

> 如果其中一些问题你不愿意回答，也没有关系。我知道我们还在相互了解的阶段。我只想让你知道我期待你的进步和成功，并且会不遗余力地帮助你。我希望你可以毫无顾虑地告诉我你的诉求，在这里愉快地工作。

其中有两个问题最为重要，如果管理者没有问出这两个问题，那么等到员工已经离职了，你都不知道为什么。

1. 你选择我们公司的三大理由是什么？
2. 你会因什么原因离开公司？

哪怕是跟你关系比较密切的下属，也非常清楚地知道你是上司。有些事情他们是不会告诉你的，因为害怕言多必失。他们通常不敢表露最迫切的需要，但如果这种需要没有得到满足，他们就会离职。以下就是一个例子。

希拉里在一家大公司找到一份工作，但她最后意识到这份工作不适合自己。起初，希拉里有一位相处得非常好的上司，她在这位上司面前非常轻松、自然。后来这位上司转岗另一个部门，希拉里则成为公司首席执行官（CEO）的直接下属。她不是特别了解这位首席执行官，在他面前也很不自在。

几个月后，希拉里越发觉得这份工作不适合自己。因为她在首席执行官面前仍然觉得不自在，情绪变得越来越抑郁，但她对自己的抑郁情绪只字未提。

最后希拉里实在无法忍受，决心改变这种状况，于是提出了辞职。首席执行官非常惊讶，感觉受到了背叛，因为他刚刚安排希拉里管理另外一个部门。

“如果你打算离职，为什么还要接受更高的职务？”这位首席执行官问道。

希拉里告诉他，很长时间以来，自己做这份工作都很不开心，而且越发觉得这份工作不适合自己。

“那你为什么不早点告诉我？”

“因为我担心这样说可能会带来不好的结果。”她说。

希拉里没有向上司坦白自己心里真实的想法，其实很多人跟她一样，都这么想：如果上司知道我工作得不开心，又不能给我安排其他职位，他可能会辞退我。如果没有辞退，这也会在他心里留下阴影。我可能因此无法加薪，进而失去发展的机会。如果在我还没准备辞职之前，公司先将我辞退，我该怎么办？如果我要离职，我希望是自己主动提出，而不是被辞退。

首席执行官从来没有问过希拉里是否喜欢所做的工作，对公司有何满意或不满意之处以及什么因素会促使她一直留任。他猜想既然她仍然在岗，并且工作努力，那么什么问题都没有。

我们从中能得到什么教训？大多数 30 岁以上的成熟员工不会告诉你他们的需要，在工作不开心时也不会告诉你。相反，他们会咽下苦水，希望情况有所好转。与此同时，他们的工作热情和效率会下降。因为不开心的员工无法像开心的员工那样保持高效率，他们最终还是会离开。

大多数年轻的员工不会为等待转机出现而坚持几年。如果接连几个月他们都觉得不开心，或者没有发现任何转机，他们就会跳槽。

赶在这种可预见的结果出现之前，定期询问员工留任或离职的理由，了解员工对现有岗位和公司的看法，对你大有帮助。

直接询问员工真正想要什么可能有些冒险。如果你不能提供他们想要的一切，该怎么办？如果新员工希望灵活安排工作时间，并且能够在家里办公，但公司没有这样的惯例，又该怎么办？

虽然你可能无法满足这位员工的期望，但了解他的想法后，你可以与他坦诚地讨论这些问题，进而找到合适的解决方案。

也许他真正想要的不是在家办公，而是需要送孩子上学或避开上班早高峰。如果能适当调整上班时间，他可能就非常愿意留在公司工作。

如果你不了解这些情况，可能永远都不知道他辞职的原因。如果他铁了心想在家里工作，那么你怎么做都留不住他。在他刚入职时就了解这些，可以果断处理，以节约公司的培训资源。

询问员工的期望表明你很关心他们，希望他们工作愉快，并且愿意尽自己所能满足他们的愿望。虽然你不一定能满足员工的全部要求，但你主动询问本身就值得肯定，并且能获得重要信息。

12 个关键问题，洞察他人的真正需求

管理者有时会误以为他人的需求跟自己一样：如果我们希望工作时间灵活，他人肯定也希望这样；如果我们喜欢物质奖励，他人也一定不例外；如果我们不愿意长途跋涉去上班，他人也绝对不能接受这点。但其实不然，各人喜好不同，如果我们不主动询问，永远也不知道员工是怎么想的。以下 12 个问题，能帮你洞察员工的真正需求。

在工作中，哪些基本需求对你而言必不可少？

我有一位朋友叫吉姆，开了一家小型律师事务所。最近他聘请了一位助理，这位助理有 10 年的相关工作经验，不用安排入职培训，这正是吉姆所需要的帮手。他工作繁忙，需要一位得力的助理。

当吉姆告诉我他聘请了助理，我问他是否了解这位助理有哪方面的期望。他告诉我他们办公室楼下有一家糖果店，那里的手工冰激凌美味无比，他每天下午都带这位法律助理去吃冰激凌。我跟吉姆说，虽然他的助理可能很喜欢冰激凌，并对他每天赠送冰激凌心怀感激，但她真正的需求可能不是这个。

我鼓励吉姆询问法律助理，为什么接受这份工作，希望从这份工作中得到什么。

吉姆接受了我的建议，第二天他问法律助理最看重什么。他们开展了一次深入交谈，自她入职以来他们从来没有这样敞开心扉地交谈过。吉姆发现这位经验丰富的法律助理希望不断学习和进步。如果没有机会提升技能，她可能很快就会厌倦这份工作，然后选择跳槽。之前，吉姆对此一无所知。

吉姆猜想既然她已经做了这么多年的法律助理，肯定对现有的工作非常满意，并不打算拓展新的技能或领域。

自从他们开展那次谈话之后，吉姆除了给她安排法律助理的分内工作，还给予她涉猎其他工作内容的机会，拓展她的见识。他们仍然常常去吃冰激凌，但除了知道助理喜欢的冰激凌口味，吉姆还了解了她对工作的真正需求。

你最喜欢做什么？

马库斯·白金汉（Marcus Buckingham）和唐纳德·克利夫顿（Donald Clifton）在《现在，发现你的优势》（*Now, Discover Your Strengths*）一书中提到，如果员工 75% 的工作时间在做自己喜欢做的事情，并能够从中获得成就感，他们就有极大的可能会长期留任；如果员工只有 25% 的工作时间在做自己喜欢做的事情，他们可能很快就会提出辞职。

如果你的一位员工喜欢演讲，但她的工作职责不包括这项，那么她总会希望能获得这样的机会。如果你不了解这些，你不可能给她提供这样的机会，但如果你对此有所了解，即使她原本的工作内容不涉及这方面内容，你也可以有意为她提供这样的机会，比如让她代表你参加很多会议。

为员工提供发挥优势的平台，兑现你在最初与他们沟通时的承诺：作为你的管理者，我的职责就是帮助你实现职业目标，不管你未来会不会长期在我们公司任职……我都愿意努力帮你获得职业发展。

你想做什么但一直没有机会去做？你最想锻炼哪方面的技能？

这些问题能帮助你发现员工的哪方面能力较弱。例如，说起来有点让人难为情，我不太会用 Excel，连最基本的操作都不熟练。以前的一份工作中，上司问我："你应该知道如何使用 Excel，对吧？"我想给上司留下良好的印象，不想让他认为我很笨，于是我这样回答："对，那是当然。"

在当时的情况下，我认为这是唯一可以被接受的回答。如果他问我想做什么但一直没有机会做，我可能会回答希望提高运用办公软件的水平，比如 Excel。这种提问方式显得不那么咄咄逼人，不会显得我能力低下或不能胜任新工作。

如果你想更多地了解员工的爱好、技能特点和优势，采用这种提问方式能让员工安心地告诉你实情。

如果工作出色，你喜欢接受哪种形式的褒奖，公开的还是私下的？

我曾供职于一家每月都会举行"明星员工午餐会"的公司。管理团队每月筛选提名，并且在公司最大的会议室举行表彰仪式，肯定获奖者取得的业绩。参会人数一般在 80 ~ 100 人，包括获奖者的团队和公司的领导者和管理者。

这家公司最近一次举行午餐会时，因为场面太大，某位获奖者显得局促不安。事后她仍然觉得心有余悸，在午餐会后请了三天假。这次表彰活动没有达到预期效果，适得其反。这位明星员工不但没有觉得这是种奖励，反而陷入局促不安中，连续三天躲在家里。

如果管理者曾经问过这位员工希望公开还是私下接受褒奖，他就会知道一封亲笔信和一张礼物券能让这位员工感受到知遇之恩，并且欣然接受。

切勿擅自揣测员工乐意接受褒奖的方式，或是将同样的方式套用到所有的场合，而应主动去了解员工的喜好。

你今年以及近三年的目标是什么？

这个问题不适合在面试时问，但却被作为评估应聘者的重要标尺。显然，面试者会依据所应聘的岗位或所在领域更高级别的职位作答。如果你提出这个问题不是为了测试面试者的智商，我建议面试时不要问。相反，在你和员工第一次谈论职业发展规划时提这个问题，帮助员工规划职业发展方向，激励他为公司的长期发展而努力。

你为什么会接受这份工作？你希望这份工作能为你带来什么？

如果你希望员工忠实于公司，长期在公司就职，你需要了解他们的职业规划。如果他对工作的期望不切实际，与其在沮丧和失望中煎熬数月，还不如尽早提示他。如果目前的职位对员工实现职业理想帮助不大，或者员工在公司实现职业理想的机会不大，最好在员工入职时就使其有所了解，并且有意识地采取下面的一些措施：

1. 安排合适的职位，帮助员工实现职业理想。
2. 承认现有岗位不能给员工真正需要的东西，但能给他带来其他发展机遇。确保他真心愿意接受这样的现实，而不是一边口头接受，一边寻找另一个工作机会。
3. 承认现有岗位不能给员工真正需要的东西，但能为他将来转岗另一份工作做准备，因此也是一次重要的职业选择。

理想的情况是，在招聘环节中，你已经清楚阐明岗位的职责和将来的发展方向，最终录用的员工不会考虑选择其他工作。但万事皆有可能，帮助员工留任和成长，符合你的最大利益，但前提是员工会在你的公司待足够长的时间，且能够为组织创造一定价值。

你有什么顾虑？

为了赢得工作机会，应聘者通常会说你希望听到的话。因此，很多时候应聘者不会回答每一个问题，面试时也不会告知心中所有的顾虑。他们迫切希望留下好印象，不想说出或做出任何妨碍录用的言行举止。即使是内部员工转岗，他们也不知道应该问些什么问题或应该考虑哪些问题。一旦员工消除了对面试的焦虑，鼓励他们表达心中真实的顾虑和疑问。

当你感到沮丧和需要帮助时，我如何得知？

所有员工在承受重大压力时，都会有一些特殊的行为表现。有些人会关上办公室的门，对来电不理不睬；有些人会生病；有些人会转而在家里工作，避免分心和受到他人打扰。

通过主动询问，善于发现员工需要帮助的迹象，有助于你更好地理解他们。例会也能帮你了解员工对项目和活动的态度，从而更好地为他们提供必要帮助。

我以前有位下属叫史黛西，她接近我心目中理想员工的标准：聪明、有责任心、跟我一样关心部门的业绩，愿意竭尽所能确保工作取得成功。从各方面讲，与她共事是一件非常愉快的事情。史黛西唯一的缺点是工作太过努力，并且不够乐于助人。当她承受不了工作的压力时，她会得病，然后请一周的假。当她得病的时候，通常还比较严重，她一般轻伤不下火线。

事后想想，我应该与史黛西约定，当她感觉压力太大时应该让我知道，可以说一些暗语，或者直接到办公室找我倾诉，寻求帮助。鼓励员工在感到压力或需要帮助时向你求助，无须觉得难为情或犹豫不决。这样做表明你关心他们，希望满足他们的需要。

你想了解我的哪些方面？

员工对你很好奇，想知道你是否已结婚生子，想了解你的教育背景和工作经历以及你有什么爱好。员工对你有多坦诚，相处有多愉快，也间接证明你有多开明，以及员工在多大程度上愿意向你求助。

如果你目前从事技术工作，但同时你又具有金融背景，如果你不告诉员工这些信息，他们不会知道你具备这方面的专长。这样，当他们遇到金融问题时，他们就不会找你求助。我要求所有的直接下属互相交流教育背景和工作经历，每次有新员工加入团队，我都会重复这样的活动。这样一来，每个人对团队其他成员的专长都有所了解，当他们遇到自己解决不了的问题时，他们可以请教其他同事。

我曾就职于一家公司，在一位名叫麦克的高管手下干活。他总是喋喋不休地谈论自己的孩子在高中篮球队的表现以及他的垂钓经历。办公室里的人都知道，如果你不是一小时无所事事，千万不要跟麦克提及篮球或垂钓。

另外，麦克总是显得很忙，有时接连好几周他都挤不出时间跟我讨论工作。但只要我经过他的办公室，顺便问一句他儿子的篮球比赛近况，起码要听他吐槽一个小时。这种强烈的反差让他的员工感到非常不快，觉得没有得到应有的尊重。因为员工也很忙碌，而麦克宁可浪费时间讨论儿子的篮球赛，也不愿讨论工作。

麦克的同事亚当则截然相反，亚当从来不与员工谈论私事。他认为工作和生活应该完全分开，因此亚当的下属完全不知道他工作之外的生活。他们只知道亚当结了婚，还是因为有一次他带妻子到公司参加节日宴会，当时他妻子已经怀胎 7 月！他的下属相当吃惊，他们从来不知道亚当何时结的婚，并且马上要迎来第一个孩子。这点让下属觉得非常不可思议，他们觉得与这位主管的关系太过疏远。

与团队成员沟通时保持平常心，一方面让他们看到你温情的一面，另一方面无须过多地谈论自己的生活细节，以免造成不必要的干扰。

你还有其他什么问题吗?

这个问题比“你有什么顾虑”要中性，可以鼓励员工问一些他们想问的问题，培养与员工的关系，建立信任感。让员工知道你会一直支持他们，竭尽所能帮他们解决疑问，重视他们的要求，并将适时地给他们一些建议。

我通常用下面这些方式完成"初次坦率对话"，我建议你也试试，或者采用其他你认为合适的用语：

> 感谢你愿意与我进行这样的沟通，我知道这可能跟你以前与管理者的沟通方式不同，由于我们对彼此的了解还不是很深，因此其中可能涉及一些私人问题，请你不要介意。
>
> 我将竭尽所能帮你取得工作上的进步，并让你在工作中获得成就感。对你了解得越深，我越能更好地帮助你，更好地为你提供适合你的资源。
>
> 在工作中需要帮助时，你可以随时给我打电话，直接和我沟通。如果我比较忙，不能及时回复你，请尝试用其他方式联系我。
>
> 你能加入我们的团队，我深感荣幸。我很看好你。

诚然，这只是我的表达方式，你也可以用自己的方式表达，只要能够让员工在交流中感觉到尊重和重视，并且重申沟通的目的。

如何为新员工创造良好的开端?

要为新员工创造良好的开端，告知员工他的岗位职责、管理者的工作职责以及整个部门和团队的情况。很少公司会为员工提供这种“基本信息”。

这有点像给第一次到你家做客的朋友打预防针：“我爸爸左耳听不见，你跟他说话最好对着他的右耳；马布尔姑妈的儿子在跳伞运动中丧生，所以最好不要跟她说跳伞是你最大的爱好；艾尔叔叔是大都会队的铁杆粉丝，如果你想饭后有甜点吃，最好不要提扬基队。”

除此之外，也要将新员工介绍给团队所有成员，告知他们新员工的大致情况和专业特长，以及他将从事哪方面的工作。

场景化案例

为何新员工比老员工更容易升职?

上班第一天，新上司没有告诉我关于部门或岗位过去的任何情况。她也没有告诉团队其他成员我的工作职责。直到很久之后，我才意识到忽略这个程序的后果。

刚开始的几周，我一如既往地高高兴兴上班，做好自己的本职工作。几周之后，我发现一位同事不喜欢我，她也是一名经理。事实上，我确信她很讨厌我。我不知道问题出在哪里。我尽可能地向她表示友好，试图了解她的工作职责，希望处理好私人关系。

一天，我们刚开完会正打算离开，她显得很恼怒。等我们到了走廊，她把怒火一股脑全撒到我头上。她喊道："你认为你是谁啊，跑到这里来！"她指责我所做的事情，全是我的工作失职。

后来，我知道这位经理好几年来一直申请转到我这个职位，但公司高层认为她不是这个职位的合适人选。虽然这个职位长期空缺，她也可以临时做些这个职位的相关工作，但公司从未考虑任命她担任这一职位。最糟糕的是，虽然她为这家公司工作了 18 年，但是从来没有人跟她说过她不能胜任这个职位。

我的到来让这位同事觉得受到了威胁，情绪上受到了打击，进而将这种不满极端地表现出来。

在我就职期间，她总是竭尽所能地给我使绊子。要不是之后我被调到位于另一个城市的公司总部，她肯定会成功地把我从这家公司挤走。

我们可以避免很多类似的困扰。只要有人把真相告诉这位同事：她不适合某个岗位，以及她在公司的发展前景并不明确。她可能会因此做出更明智的职业选择，认真思考是继续留在公司，还是另谋高就。如果她不合时宜的做法有所控制，我不会在上班时觉得如芒在背。如果我知道这些过去，我可能会在她面前更加小心翼翼，或许还能找到更合适的方式与她合作。

当新员工入职时，需要促进已有员工和新员工的信息交流，不要低估这种做法的重要性。谨记，尽量给予他人更多信息。

高效的管理者主动要求反馈

直接下属可能会认真完成你交代的工作任务，也可能对你的要求不理不睬。能够赢得下属忠诚的管理者会定期征求下属的意见和想法，并欣然接受这些反馈。

可以考虑询问下属下面这些问题：

你觉得我的管理风格怎么样？

你希望我在哪方面投入更多精力？

你希望我能开始、停止或继续做哪些事？

在业绩评估、目标回顾和常规一对一会议中，问这些问题再合适不过。与员工开展的每次谈话都应该是双向沟通，而非管理演讲。在管理演讲中，下属频频点头，假装仔细倾听，实际上却恨得牙痒痒。当期望落空时，管理者和下属都有提要求的权利。

向下属征求意见的原因之一，是很少管理者能做到这点。当你能做到他人无法做到的事情，你就会显得与众不同，表明你比其他管理者更关心下属。

当这些下属收到猎头公司的电话，或者面对竞争对手更高薪酬的诱惑时，他们会权衡利弊，是否应该离开一位关心下属、重视下属需要并且尽力满足这些需要的管理者。能做到这点的管理者凤毛麟角，任何身兼数职的人都能体会到其中的辛劳。

刚毕业参加工作的年轻下属可能不知道遇到你多么幸运，稍加成熟点的下属肯定知道。聪明的话，他们知道放弃这样一段特别的互惠关系是不明智的。

如果给予下属提出要求和意见的权利与你一贯的想法或经验不相符，那么仔细想想，其实相反的做法行不通。人们不希望只听指令，而不能发表意见。如果员工不能与上司坦率交流，他们很可能会选择辞职。

员工会离开一个上司，但不会放弃工作。如果他不喜欢为你工作，你又如何阻挡得了他们另谋高就呢？只有有效地交流和沟通，才能够留住有头脑、懂得知足的员工，培养他们对你和公司的忠诚。

了解员工的最终目的在于消除管理工作中的主观臆断。更多地了解他们，你就可以更好地为他们提供机会，激励他们不断取得更好的业绩。你在创造一种坦诚的关系，员工能提要求，能与你真诚沟通。

如果你时常问这些问题，你就能够知道员工什么时候沮丧、漫不经心，甚或他们什么时候萌生退意。在这样的管理关系中，你会拥有更大的主动权和更高的威信。

沟通练习

激活个体价值与组织生命力的 14 个坦率问题

1. 你选择我们公司的三大理由是什么?
2. 你会因为什么离开公司?
3. 你为什么选择这份工作或这个项目? 你希望从这份工作或职责中获得什么?
4. 你的成就感来自哪三个方面?
5. 接受表彰时，你喜欢私下肯定你的表现，还是公开表扬你?
6. 你最想培养哪方面的技能?
7. 你今年以及今后三年的目标是什么?
8. 你最喜欢做什么?
9. 你最想做但一直没有机会做的是什么?
10. 你有什么顾虑?

11. 我要怎样才能知道，你感觉不太好，需要我的帮助？

12. 你还希望我了解你哪方面的情况？

13. 你想了解我的哪些情况？

14. 你还有哪些问题？

HOW TO SAY ANYTHING TO ANYONE

第 5 章

如何调整心态，向上沟通？

无论你从事何种职业都应该
掌握一定的微表情识别能力，
这种能力可以帮助你
在职场中更加从容。
不仅仅是职场，
识别微表情能在各种交际场合
助你一臂之力。

微表情研究奠基之作《微表情解析》

保罗·艾克曼

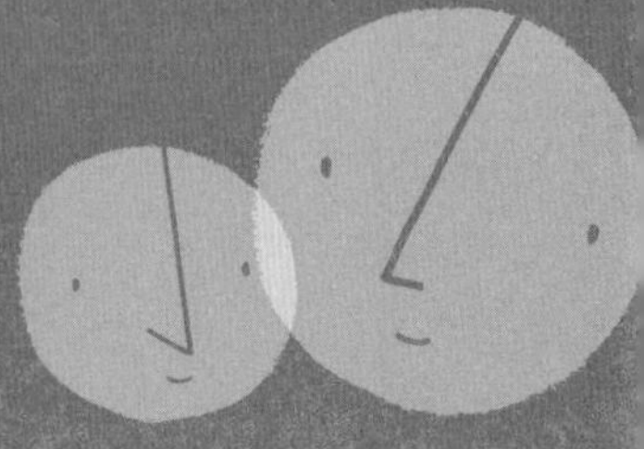

在工作中，你与直属上司的关系极为重要。与上司保持良好关系，你才能有机会从事更有价值的工作，受到公司高层的关注，获得可观的薪水。

如果做不到这点，你就很难从工作中获得成就感，甚至可能失去这份工作。诚然，上司有管理员工的责任，但聪明的员工也知道如何“管理”上司。如果不能与上司有效沟通，你的职业发展只能停滞不前。

年终绩效评估意想不到的“差评”也许会让我们感到措手不及。为了完成工作，我们有时加班到晚上 11 点，但后来发现上司 3 周都没有看我们一眼。

有时，上司的某些做法会让我们感到不满。在入职之初，通过主动发问获取更多信息，可以帮助我们消解某些不满情绪。

越了解上司的喜好和公司的运作方式，工作进展就会越顺利。

除了第 3 章和第 4 章列举的问题，你还可以考虑问上司本章列举的一些问题。

> 你希望我就工作的哪些细节跟你沟通？
>
> 以什么形式沟通？
>
> 多长时间沟通一次？

你是否有过这样的经历：你以为自己是完全按照上司的要求开展某个项目，但后来发现他对于项目如何开展有具体的标准，且与你所做的截然不同？我们总是等到撞了南墙才知道他人喜欢哪种沟通方式。

主动要求管理者给予反馈，避免返工

我们大多数人都遇到过这样的上司，他们在项目进展过程中没有提出任何异议，但等项目成果一出来，他们马上表示反对，并且要求做出重大调整甚至从头再来。上司这种变化莫测的反馈往往让下属措手不及。

每个人都有偏好的沟通方式，对沟通的深度、形式和频率有不同要求。即使那些声称自己无所谓的人一般也有偏好。这些人刚开始表示去哪里吃饭都可以，但一旦你选择一个他们不喜欢的餐馆，他们马上就会提出抗议。有些管理者希望了解下属时时刻刻在做什么，而有些管理者只关注大项目的阶段性汇报。

既然提问如此简单，为什么还要费尽心思猜测上司的期望呢？在工作关系或项目进展过程中，你可以问上司或项目经理希望多长时间、以什么形式收到反馈，反馈中期望得知哪些细节信息。如果上司说他对当前项目暂无意见，你可以询问他如何评价你之前的表现。

你可以问：

> 我上次的汇报内容够具体吗？还需要补充更多信息吗？
>
> 为了方便你阅读，我应该如何汇总信息？
>
> 你希望提交给你的信息分条排列，还是以段落、图表、曲线的方式呈现？

我建议你在工作过程中定期自查，并且及时询问上司的意见。如果上司说等到工作完成时再查看，你可以坦率地告诉他：“我希望提高工作效率，你的及时反馈能确保我的工作沿着正确的方向开展。”

你还可以提醒上司过去一个需要重新返工的项目：“我希望一次性完成项目，不辜负你的期望。还记得贝克项目吗？我提供的材料不符合你的期望，而且格式也不正确。如果这个项目能够顺利完成，那我就能更快地开始下一个项目。”

如何将精力放在真正重要的工作上？

管理者在公司中职位越高，他的业绩越有赖于团队成员的表现。这就是为什么聪明的管理者总是招聘最优秀的人才。级别高的管理者将组织的目标分配给直接下属，而这些直接下属再细分这些目标，委派给各自的下属。当公司内部各部门达成一致时，每位员工的年度目标归根结底都是管理者目标的一部分。

因此，不管你如何看待上司，你的任务就是为他争光。你越了解公司对上司业绩的评估标准，就会越清楚自己的工作方向和目标。

你在部门中的工作目标是什么？

部门业绩与公司战略规划、年度目标如何挂钩？

了解上司对部门发展方向的规划，有助于你根据上司的愿景协调自己的行动，将重心放在最重要的工作上。同时，还有助于你了解整个公司的发展战略。心怀大局，就能加深对具体职位及其重要性的认识。

了解组织愿景和战略发展方向的员工能够更清楚地认识到自己工作的意义，并且保持工作积极性。

在大型组织中，很多员工觉得自己是一架巨大机器上一个微不足道的小齿轮，由此产生了所谓的“与我无关”综合征。

即使十分上进的骨干员工也总会有那么一天或很多天，希望能早点下班回家，能与朋友家人共度周末，不必随时待命。毫无疑问，这些人工作非常努力，我只是不确定他们是否一直在做上司认为最重要的事。

场景化案例

把精力放在上司认为重要的工作上

我培训过一个管理者，她总是感到压力很大。她的职责越来越多，却不知如何安排轻重缓急。虽然她经常加班，但仍然担心自己小的失误终会引发一些重大的问题。

我建议她将要做的所有工作列个清单，下次和上司开会时带上这份清单，请上司帮她分析工作的轻重缓急。然后根据上司的意见将工作按照重要程度分别标注为 A 类、B 类、C 类。

她在与上司的沟通中获益很多。以前她觉得非常重要并且投入大量精力的一些工作，对于上司而言其实并不是非常重要。她终于可以松口气，将重心放在上司认为最重要的工作上。而她的上司也因此挽回了一个差点选择另谋高就的人才。

再举个例子。我的一位客户说他以前每周都会参加一个长达两个小时的会。每周在会议开始前约 2 分钟，会议主持人都会发放好几份文件，希望与会者能够提前浏览。会议总会推迟 10 分钟举行，而且会议主持人在会议期间还会接听电话。

几个月后，他终于忍无可忍，告诉上司他不愿意再参加这些会议。上司听后吃惊地说，他从来都不用参加这些会议，并且问他一开始为什么要去参加。如果在第一次参加这种会议之前，他曾经与上司沟通过，就不必浪费之前那么多宝贵的时间了。

你认为很重要的事情，在上司看来未必如此。所以，对重要工作的看法应该与上司达成一致，才能有效避免日后遭遇不必要的挫败感。同时，也要主动询问上司如何评估你的工作业绩。专业运动员参加比赛前必须了解比赛规则，你也应该如此。如果你不知道上司如何评判自己的业绩，你的表现虽有可能侥幸达到上司的期望，但也有可能与之相差千里。

制订工作计划，跟进工作进度

上司应该与你沟通，确定年度工作目标。如果他没有这样做，你也应该将自己的年度工作目标和评估标准写下来，交给上司过目。当公司的中心战略发生变化时，年度工作目标必然做出调整，所以在与上司的例会中讨论这些目标的进度很有必要，以备目标有所转变。

如果没有按照具体的、重要的既定目标开展工作，你最终得到的绩效评估结果很可能以偏概全，令你非常恼火。

不管公司目标和业绩评估的制度怎样，你都要掌握业绩评估的主动权，按照既定的目标开展工作。

了解你所在岗位的过去

虽然你可以在工作中找到胜任岗位职责的工作方式，但了解一些关于这个岗位的过去总归是好的。如果你的前任很受大家欢迎，你可能需要下一番功夫，才能被新同事接受。如果你的前任口碑很差，你的到来可能会让新同事长吁一口气。

不管是哪种情况，你都必须清楚你的岗位能或不能为大家带来什么。你需要告诉大家，你能为公司以及部门做出什么贡献。从一开始就了解岗位的历史，可以帮助你制定更好的策略。

你可以这样问：

> 能不能告诉我一些此岗位前任的情况？
>
> 如果这是一个新岗位，设置它的初衷是什么？

如果你行事果断，喜欢速战速决，而你的前任属于积极冒进型，你可能需要采取更温和的处事方式。如果你的前任优柔寡断，大家因为他行事过于低调而对他的能力有所怀疑，刚开始你可能需要表现得强硬一些。

如果你的职位是公司新设立的，那么询问为什么设置这个新职位同样很重要。工资是公司最大的成本，只有有明确需求时，才会设立新职位。

为什么公司选择现在设立新职位，而不是一年前或半年前？像设立明确的目标和评价标准一样，了解你的职位与公司的战略发展方向之间的关系，能帮助你更好地制订计划、开展工作。

如果你的职位不是新设立的，那么你需要了解前任辞职的原因：如果她是想离家人更近些，那无可厚非；如果她离开是因为难以胜任工作职责，那么了解到这一情况，你就需要好好规划应对措施；她离职也可能因为对同事、办公室政治或资源分配不满，这些情况能帮助你调整期望，改变你对同事和部门的看法。

你可以这样问：

> 你希望我负责哪类工作 / 项目？
>
> 我应当尽量避免哪类工作？

可能在不久前，你的直接上司还在做你现在的工作，他可能仍愿意亲自做其中一部分工作。每个人都有心爱的项目、关心的领域、最喜欢做的事情，了解并有意识地顺应上司的工作喜好，减少重复劳动，何乐而不为呢？如果你提前得知上司对某个项目有着浓厚的兴趣，你可以请他给予具体指导，这样你就不会将他的关心误以为是对你工作的不满。你知道之所以他询问细节，是因为他真的想了解情况，而并非他不信任你。

场景化案例

从喜欢插手，到大胆放手

我的一位客户劳伦认为她的部门需要为客户创建一个网站，她将这个项目委任给一位直接下属林赛。

林赛擅长写作，同时又是一位项目经理，是负责这个项目的合适人选。

虽然劳伦很信任林赛，但她一直亲自参加这个网站的设计，监督网站制作人员的工作，查看所有的稿件，并且亲自撰写网站的内容。

直到林赛不再做决策时，劳伦才意识到自己过多参与了这个网站的设计过程。

当劳伦问林赛为什么不做决策时，林赛回答道："反正不管我做了什么决策，你都会修改，我还不如让你直接做决策。"

劳伦很喜欢设计网站，她对这种工作的热情使得她很难袖手旁观，放手让林赛做全部的工作。

如果林赛提前询问过劳伦希望怎样参与这个项目，她可能就会知道劳伦的过多参与其实不是不相信她的能力，而是因为劳伦原本就对网站设计项目怀有极大热情。

每个团队都有不成文的规定

了解团队的历史也很重要。正如我在第 4 章所提到的，如果我事先知道那个每次都无缘无故给我使绊子的同事其实想得到我的职位，我会采取不同的方式对待那段同事关系。下面这些问题可以帮助你了解团队中的不成文的规定。

应该了解团队文化的哪些内容，了解这个部门的哪些历史？其他人对我的职位有何想法？他们如何看待我的到来？

几年前，有人推荐一份部门主管的工作给我，这个部门刚刚失去了一位行事莽撞的主管。这位前任主管的管理方式以威吓为主，总是不假思索地进行变革，无缘无故地责骂员工，无端质疑直接下属做出的每件事情。6 个月内 50% 的员工提出辞职，那些有才能和上进心的员工离开这家公司，很快找到了其他工作。留下的员工相较而言才能一般，业绩平平。

当时我在这家公司的其他部门，所以对于这个部门的过去有所了解。我问的第一个问题是，我是否有权辞退最差的员工，并且选择团队成员。我得到的回答是斩钉截铁的“不行”。我必须保留现有的团队成员。我知道现有的团队状况无法帮助我在那个岗位上取得成功，所以我拒绝了那份工作。如果在面试环节我没有获取这些信息，我很可能会接受这份工作，而下一个离职的人可能就是我。

反过来想想，如果我接受了这份工作，迎接我的肯定是一群战战兢兢、无所适从的下属。果断行动和正面沟通这些我所崇尚的管理风格，肯定不会奏效。但如果我不知道这个部门的过去，我肯定不知道如何改变管理方式。我可能会因此让下属觉得无法沟通，自己也会无法理解为什么他们抗拒我做的任何一个变革。

在组织中，我应该经常和谁面谈？我应该参加谁的会议？

了解新的公司需要时间。外聘的新员工知道怎样做本职工作，但不一定知道如何在新的团队氛围中做好工作。决策是如何制定的？谁有决策权？应该和谁保持良好的关系？谁是次要人物？

公司中有的人对你不那么重要，这听起来可能有些功利，但这是实情。你越早知道应该依赖谁，或者谁会依赖你，你就能越快建立起最重要的关系。

最好什么时候休假？什么时候最好不要休假？

很多人会不假思索地选择休假时间，不知道休假期间正是业务最繁忙的时候。管理者有时会忽略新员工对公司情况并不了解，没有提醒他们一年中哪些时间最好不要休假。但如果新员工缺乏考虑地提出在这些天休假，上司又会认为员工缺乏判断力。

你还有其他什么问题？你还想了解我哪些方面的信息？

提这些问题表明你很坦率，愿意把自己的情况告诉他人。

我一直致力于提高自己的业绩，如果我定期向你汇报，请你提出反馈意见，可以吗？

很多管理者即使开始时愿意这样做，也不会提供足够的反馈。他们要么太忙，要么觉得直接反馈有些尴尬。也可能他们缺乏对员工业绩的正确认识，因此也不能提供实质性的反馈。

如果你有丰富的工作经历，你肯定会遇到一些不愿提供足够反馈的管理者。与其失望，不如事先要求对方与你坦诚相待，并且在工作中多多请教。在工作关系建立之初，设立期望，表示希望对方适时地给予意见，这样当你要求反馈时，管理者不会认为你对他的工作或者其他事不满，又或者哪里出了差错。

你要对自己的职业生涯负责，这点他人无法代劳。在漫长的职业生涯中，你会遇到愿意设立期望和提供反馈的管理者，当然也会碰到既不愿设立期望也不愿提供反馈的管理者。可能你还没碰到后者，但时间久了，你总会碰到。

你的职业满意度和业绩提升不能全靠上司提携。不要坐等别人告诉你上司认为什么最重要，或者如何培养新关系。同样的，不要因为他人没有否定你的业绩，就认为自己业绩优异。

询问本章列举的问题能够帮助你更好地掌控自己的业绩、口碑和工作关系。不要眼巴巴地等着工作机会降临到你的头上，而应主动出击。这样做表明你想努力做好工作，并且能为你与新上司的关系建立一个良好的开端。

你应该在年初问管理者的 10 个问题

你对自己在职场的成功、幸福和满足感负有 100% 的责任，这意味着你要掌握主动权。不要等着管理者告诉你需要做什么。主动询问管理者，你该把精力集中在哪些方面和怎样才叫出色地完成任务，从而避免在年末才惊讶，怎么业绩考核平平和升职无望。

1. 企业本年度的目标是什么？
2. 你本年度的目标是什么？
3. 为达成你的目标，我能提供哪些支持和帮助？
4. 你关注的是什么？
5. 在未来的 30 天、60 天到 90 天里，我最重要的任务分别是什么？
6. 你是怎么知道我在做对的工作？评判我在做的每个项目是否成功的标准有哪些？

7. 你想要从我这里获得哪类信息，多长时间一次，以哪种方式告知？
8. 与去年相比，你希望我在哪些方面能有所改善？
9. 关于我们部门或者我所在部门去年的表现，有哪些是我需要知道却还不太了解的？
10. 本年度我最重要的任务是什么？

第 6 章

如何让大家都愿意和你合作？

世界上总有一些地方，
有一些人所处的市场恰好
适合你的企业与天赋发展。
你可以从他们身上学习，
并与他们建立合作关系。

畅销 80 多个国家的《财富流》

罗杰·詹姆斯·汉密尔顿

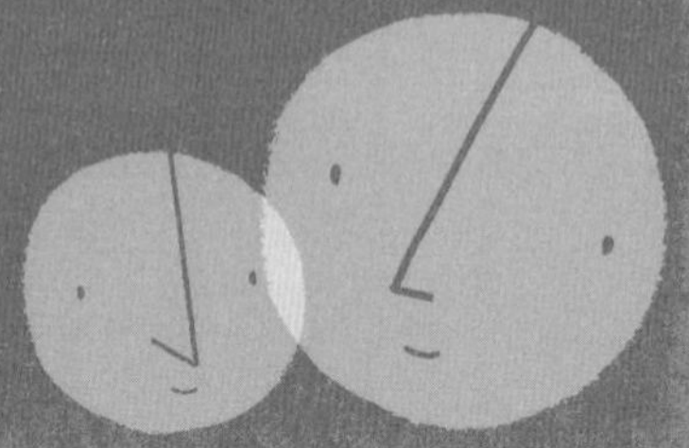

如果你尝试了本书中提及的建立关系的方法，你一定已经告诉上司和同事，你希望与他们保持良好的关系。你已经征求了他们的反馈，并保证你会对他们的反馈心怀感激。你还询问过他们工作方式的偏好，问他们喜欢电子邮件、语音留言、电话还是面对面的沟通等。这样你就不会在毫不知情的情况下打扰别人、制造不必要的误会，破坏关系。

接下来你需要了解在日常工作中，上司、同事和其他部门的基本职能、他们面临的挑战以及你的工作对他们的重要性。

跨部门合作时通过有效沟通，实现信息共享

大多数员工对公司中其他部门的情况所知甚少。我们一般不会关注其他部门面临的挑战和限制，而对他们的工作传统、方式、

流程的了解更是少之又少。通过主动提问，我们可以避免不必要的冲突、减少重复劳动、避免不必要的挫败感，圆满完成某项工作任务。

事实上，缺乏沟通、重复工作对很多公司而言是家常便饭。往往一个项目进展到中期，某个部门才发现，自己跟另一个部门做着同样的工作，而且这种状态持续了数月甚至数年。面对这种情况，接下来的对话大概会是这样："早知道你们也在做这个项目，我们就可以分工合作了。真是浪费资源，我们太欠缺部门间的沟通意识了。"

场景化案例

沟通不到位，浪费会加倍

7 年前，我在一家公司担任运营部门主管。有一天，我与其他几个部门的主管一起开会，介绍某项大型项目以及相关部门正在做的工作。每个部门主管有 5 分钟的发言时间，陈述自己部门或团队手头的工作。当轮到营销部门主管发言时，他描述了自己团队正在做的一个项目。不幸的是，我的团队也在同一个项目上投入了很长的时间。

当时我觉得万分沮丧。我的部门人手不多，为什么

> 营销部门没有一个人告诉我他们正在做这个项目呢?我们可以分工合作来完成这个项目,我的部门也可以放弃这个项目,将重心转投在其他项目上。当时我很生气,但当我认真思考这个问题时,我意识到自己也没有知会营销部门。

每个部门都有独特的工作方式。这就是为什么有的工资账单在下午3点时上报,价值2美元的咖啡必须纳入应付账款,你必须采购某些特定商品。很多时候,类似的特殊要求都有其存在的合理性,至少在某些人看来是这样。

遗憾的是,制定这些规定和流程的人很少把要求告诉别人,想当然地以为别人会了解他们的做事方式,并且遵从他们的惯例。如果其他部门同事没能满足他们的期望,他们会十分不满,抱怨与这些人难以共事,甚至抱怨别人妨碍了他们的工作。与此同时,其他部门同事同样觉得受到了冒犯,会抱怨他们制定的规定和流程愚蠢至极。

我经常受邀调解许多公司内部不同部门之间的纠纷,以促使他们更好地合作。有一种典型的逻辑:如果某个部门对于某种规定或流程不清楚,他们就会视而不见。制定这种规定或流程的部门则会因此觉得受到了冒犯,认为这种忽视是一种不尊重。这两个部门的员工之间开始有了矛盾，两个团队都觉得对方能力不济，难以共事。

深入分析这些情境，我发现这些所谓的冒犯，通常源于不了解其他部门的某些情况而产生的误解。如果能够重新开启一种新的沟通模式或者对之前的误解做出解释，部门之间达成一致看法，就可以缓和僵化的关系，由对抗转为合作。

信息不共享容易滋生主观猜想，有弊无利。展开合作前有必要为他人提供更多信息。

大多数时候，人们会按照你的要求行事，但他们要知道这样做的原因。如果知道原因，我会保留 25 美元以下的发票；如果有合理的理由，我可能会采购更贵的用品；如果了解情况有变，我不会把时间浪费在已经过期的紧急任务上。一旦了解情况，人们不但不会抱怨，还会非常乐于配合。

像对待客户一样对待同事

在我以前工作的某个公司里，新上任的 IT 部门副总监很明智，他主动与每个部门的总监进行沟通，询问我们的需要，告知大家 IT 部门的职责、资源价值以及工作方式和合作倾向，以便与其他部门开展更有效的沟通。在那家公司工作的 15 年里，这位 IT 副总监是唯一跟我进行这种沟通的管理者，他就像顾问一样，主动了解我的部门，希望能够最大限度地满足我们部门的需要。

为什么其他人不能像他这样，将自己介绍给新同事，了解其他部门的职责范围，与其他部门讨论如何更好地合作？我想其他人从来没有这样的意识。对待同事应该像对待客户一样，你必须了解每个人的业务范围。就算某个人“应该”与你合作，但不代表他一定会这样做。跟询问工作喜好一样，不是每个人都会询问其他部门的目标以及合作倾向。提出这些问题有助于你改善工作关系，提高专业知名度，在职场脱颖而出。

我总是建议有合作关系的个人和团队，定期讨论各自的职责、工作方式和传统。例如，你的部门主管应该与财务部门沟通，了解他们需要哪些报表，需要在什么时间、以什么方式提交，以确保部门下属不违背规章制度，及时收到报销费用。

在公司中，你的部门要为其他部门提供支持，同时从其他部门获取帮助。安排一次会议与相关部门讨论如何更好地合作。与其他部门的每一个人沟通，让他们知道你想加深对他们的了解，以便更好地满足他们的需求。在这个会议中，你要做的是提问和倾听，而不是就自己的部门和个人成就高谈阔论。在会议开始时，重申会议目的，所有的团队成员都可以参加，或者每个团队派代表参加讨论，然后向团队其他成员汇报情况。

如下问题能够帮助你了解其他部门的目标、挑战和需求，更好地为他们服务或从他们那里获取支持。先问比较重要的问题，而不是一股脑全部问完，这样做可能会给你的同事造成太大压力。毕竟，你以后还有机会见到他们，到时再提问也不迟。

1. 你的部门最擅长什么？你们想提高哪方面的能力？
2. 几年后你的部门希望达到什么目标？今年内你的部门的工作重点是什么？
3. 你的部门今年能完成的最重要的事情是什么？
4. 哪些交货期限、规章、条例等约束性文件影响你所在部门的业务和活动？
5. 你最不能接受什么？
6. 你会因为什么而晚上加班？你最担心什么？
7. 我的部门工作与你的部门工作存在什么联系？
8. 我们部门能就哪方面的工作进行合作？
9. 我或我的部门哪些做法会给你或你的部门带来麻烦，增加你们的工作难度？

10. 我和我的部门应该怎样做才能与你或你的部门更好地合作?
11. 我能参加你的部门会议吗?
12. 我能为你的部门成员做个演示，阐述我们的工作职责吗?
13. 你希望了解我和我的部门哪方面的信息?
14. 我需要增进对你和你的部门哪方面的了解?

谈话最后，你告诉同事，你希望定期与他们沟通，评估工作进展情况，并征求他们的许可。我把这种定期沟通称为“关系盘点”(relationship inventory)，我建议你每个季度都做一次。下一章将详细介绍如何开展关系盘点。

询问同事工作方式的偏好、目标和关注点，能帮助你将重点放在合适的工作上，让你成为一个优秀的业务伙伴。这种沟通不是一劳永逸，一场对话不能解决所有问题。正如在所有关系中一样，重温期望并要求反馈是一个持续的过程。定期沟通可以检查自上次谈话以来，你同事的部门产生了哪些变化。随后你可以询问你的下属是否满足了他们的期望。

这种对话可以这样进行:“我们部门习惯每个季度至少沟通一次，确保你获得所需的支持。我每年向你征求几次意见，可以吗?

如果可以，你希望以哪种方式沟通？我可以给你打电话吗？”

每个部门的主管都会对这些问题给予肯定回答，即使他原本不愿意。设立期望后，日后一定要定期沟通。

事先告诉他人你会征求他们的意见，但如果事后不管不问，还不如一开始就不承诺。在日历中设立提醒项，一旦出现提醒，就跟这些部门主管进行沟通。

询问其他部门的目标、关切点、工作完成期限有多种好处。这会让你的工作变得更容易。你会知道其他部门同事需要你提供哪些支持以及背后的原因，你无须再揣摩他们的心思。为你提供支持的同事也会了解你的需要，以更好地满足你的需求。

为他人提供帮助，而不是制造麻烦

不管公司有何规章制度，员工只与关系友好的同事合作，而对不好相处的同事则敬而远之。如果你向 IT 部门求助，技术人员喜欢你，不管当天有多少其他同事请他帮忙，他都会先帮你解决问题。虽然这听起来有些不公平，但事实就是这样。我们喜欢接听某些人的来电，而另外一些人的来电很可能被转到语音信箱，因为有时我们没有心情接听这些人的电话。

别人可以和你成为朋友，可以对你不理不睬，也可以视你为敌。我希望你成为一个受欢迎的共事者。人们越是愿意与你一起共事，你的工作就会变得越简单、越愉快。

有种方法可以确保他人愿意与你共事，那就是了解他人的业务职责，这样你才能为他人提供帮助，而不是制造麻烦。当你有意减轻别人的负担时，别人也乐于为你制造便利。当你遵从别人的规则时，对方才更可能遵从你的规则。

不管公司有何规章制度，“投桃报李”的原则都适用。在工作关系建立之初，询问对方习惯的规则和工作流程，能够帮助多数人有效避免差错、浪费时间以及产生负面情绪。其他部门主管也应该跟你沟通，询问你的需求和合作倾向，但很多人不会这样做。所以你应该主动与他们沟通，让大家都轻松愉快地与你合作。

你可能会想：我与这些人一起共事好几年了，如果我问我们部门跟他们部门之间的联系，他们肯定会认为我是个傻子，而且会怀疑我这些年都干什么了。

但事实远非如此。

如果你从未问过同事这些问题，他们心里会非常清楚！他们知道你并不了解情况，而他们也跟你一样：员工不正确地填报报销单；一个部门在毫不知情的情况下，做其他部门也正在做的事情；员工抱怨其他部门的同事多么难处。其他的部门主管和同事也迫切想要和你进行良好的沟通，即使他们没有明说。

公司内部，很多沟通问题是可预见的，当然也可以避免。不要主观臆断别人的工作职责以及背后的原因。

同样，也不要假设你知道同事的首要工作任务。邀请一起共事的人谈话，询问他们上述问题，增进彼此的了解，让之后的合作更加顺畅。每个人都乐意把自己的首要任务告诉他人，以及如何更好地合作。提这些问题能够很快让你显得与众不同，成为大家都愿意一起共事的人。

成为员工心目中的好管理者的 10 个窍门

员工离开的是管理者，不是工作。令员工感到不满的事情可以被预测，也可以避免。跟随下面的步骤，员工将你视为不可多得的好管理者。

1. 听取员工的反馈，询问怎样才能使你成为更好的管理者。大多数管理者从来不会向他们的员工要反馈意见。你该问他们："你们希望我开始做什么，继续保持和杜绝什么？"
2. 向员工保证告诉你实话不会有损失。你如果要员工给你反馈，就要保证那些坦率交流的人不会获得消极的后果。
3. 让工作充满乐趣。人在感到快乐的时候，工作效率会更高。

4. 不要自以为你知道员工想要获得哪种形式的认可。你想要一次性的奖金，并不能代表你的员工也那样想。问问他们："你们想要获得那种形式的奖励？我该如何对你的工作表示欣赏？"

5. 为你的员工提供成长和发展的机会。在发达国家，员工离职的首要原因，就是缺少进步的机会。

6. 控制好你的行为和情绪。不要抢别人的功劳，不要在其他人面前指责员工，也不要在员工面前泄愤和失落。

7. 让员工专注在他们的优势领域。如果员工没有在工作中发挥各自的优势，那就安排他们做能发挥其特长的项目。

8. 向员工保证失败不会带来坏影响。如果员工知道失败会导致无法预计的后果，那他们就不会创新，只求安稳不出错。

9. 顺其自然。事情过去了就是过去了。不要抓住员工的失误不放，长年累月地翻旧账。

10. 让员工成功。不要做独大的管理者，认为没人能比自己做得更好，那将阻碍员工拼命工作。

第 7 章

如何维护你建立的人际关系？

坦率、真诚地感谢他人。
尽管我们很难
真正做到“坦率”和“真诚”，
但表达感谢总比什么都不做要好。

停止抱怨收获幸福的情商课《感恩日记》

贾尼丝·卡普兰

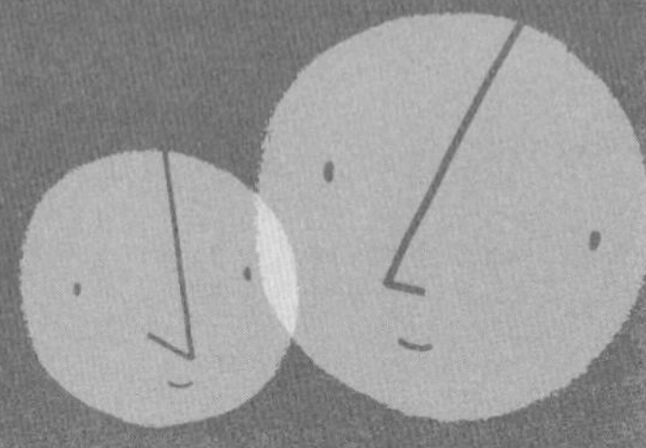

第7章 如何维护你建立的人际关系？

你可千万别单纯地以为与同事建立了关系，以后的工作就一定会一帆风顺。你已经做了很多人不曾做过的事，在工作关系建立之初提出了很多问题。现在你与这些人共事了多年，你了解了上司、同事、直接下属的需要，你以为如果你出现了失误，他们会告诉你，对吗？你想错了。

建立关系的过程中，只问别人对你有何需要，而不定期跟进，就好比服务生在餐馆里接受顾客点餐，但从不回头向他们确定是否喜欢所点菜肴。如果这些菜肴不好吃，多数顾客不会向服务生提出抗议。他们更倾向于留下一些少得可怜的小费，然后告诉认识的所有人这家餐馆的服务多么差。你的同事也会这样，相较于直接告知他们的不满，他们更可能在背后跟你过不去。

业务的重心有时会有所变化，第一季度很重要的工作任务可能在第二季度就算不上首要了。你如果不定期跟进，了解其他部门的业务调整，可能就会在不知情的情况下做无用功。

人们常用一句话来形容婚姻："婚姻需要经营。"职场关系也不例外。**提出问题和设立期望不是一次性的行为，不论是在工作关系中，还是在私人关系中，这些行为的常态化是维护良好关系必不可少的步骤。**

首先通过观察和提问判断他人有何需要，评估关系的发展情况，然后做出相应的调整。如果直接下属和同事需要更多的帮助，你要挺身而出，而当他们不需要帮助时，你应该适时地走开。

当人们的反应跟我们的期望不符时，或者没有做出任何反应时，很多人就会挖空心思地琢磨别人真正需要什么。我们会想："我应该给他打电话吗？要不要给他发个电子邮件？或者去他的办公室？我不想总跟在他的屁股后面，也许我应该再等等。"我们想得自己都快要崩溃了，但其实真的没必要这样做。

正如我在这本书中提到的，切忌主观臆断，而应该坦诚发问。主动询问偏好是建立良好工作关系的开始，维护关系则需要时常征求反馈，并提醒他人你真心想倾听他们的心声。

善用关系盘点，主动征求反馈

几周前，我接到米歇尔的电话，他是一家大型公司客服中心的主管。他问我是否可以为他们公司的客服代表做些培训，因为最近他们的工作内容发生了变化，他们不仅需要接听客户的来电，还要为新员工提供客服培训。

我对米歇尔的公司非常了解，他们有一个非常大的客户服务培训部门，专门为新员工提供客服培训。

“以前的培训部门呢？为什么由你们部门培训新员工？”我问。

米歇尔说，他的上司，也就是客服中心主任对培训部门的工作非常不满意，他认为米歇尔的团队虽然没有培训经验，但能比培训部门做得更好。

这简直糟透了。我心想。如果我是培训部门的主管，身陷这种处境，我一定会另谋高就，或者到主任办公室问个清楚：怎样才能满足公司的需要。而现实是，整个培训部门被炒鱿鱼了。同样，你也可能被炒鱿鱼，要么直接被辞退，要么暗中受到排挤。

我希望这种情形永远不会发生在你身上。一家公司的营销部门副总监接到朋友的电话，得知自己的职位被放到了招聘网站上。朋友说：“老兄，我只是想确定你是否还在这个公司，我以为你去了别的公司。”

这就是我说的反馈，这种反馈虽然不具体，也没有太大用处，但仍然是种反馈。

在这种情况下，公司认为营销副总监工作不力，打算换人。

为了减少职位空缺的时间，并且让现在的营销副总监继续工作，公司在没给他任何反馈之前就开始寻找继任者。

这种做法是错误的，但在现实生活中比比皆是。

下属来自火星，上司来自水星

我的一位客户要求我为一位叫安的主管提供辅导。安的人际交往能力有待提高。她的一位直接下属萨拉向她的上司抱怨安偏心、不能为下属提供任何帮助。萨拉要求换个上司，而安也因此失去了这个主管的职位。

第一次见到安的时候，我问她，对于萨拉的举动有何想法，她觉得我的问题很奇怪："你是什么意思？萨拉和我之间的关系非常融洽。她说我们俩太相似，所以她想换个上司。对此我毫不质疑。"

这个女人简直没跟我们生活在同一个星球上！但我仍然想给她提个醒，让她从自己的假想中走出来，所以我换了种方式，我说："安，下属要求更换上司是件大事。萨拉给了你一次机会，让你反省自己做过的事情，哪些做得好，哪些做得不好。萨拉可能觉得你们俩太过相似，但我不太相信这是根本原因。她对你们之间的工作关系不太满意，而你能找出背后原因的唯一办法就是直接问她。”让我惊讶的是，安从来没想到这一点。

如果你想把握自己的职业生涯，你必须发现自己的盲点，清楚他人对自己的评价，而做到这一点的唯一办法就是直接询问他人。我推荐你采用“关系盘点”方法，与一起共事的人敞开心扉，分析自从上次沟通后，你们的业务有了哪些调整，这同时也是征求反馈的一个机会。

你可以特意安排一次会议或者利用已安排的会议，与大家分享工作进度，同时相互征求反馈。你如何获得信息并不重要，重要的是你主动询问他人的反馈并且及时地了解并答复他人的意见。

场景化案例

如何开展“关系盘点”？

过去 3 年里，我一直为一个专业服务公司提供培训和人力资源咨询。我与这个公司的主要负责人每月会面一次，回顾我们过去一个月做过的工作，并讨论下一步的工作计划。

最近一次谈话中，我说：“迈克尔，我很长时间没有这样问过你，我为公司提供的服务怎么样？你有什么意见吗？你对我还有什么要求？”其实就这么简单。你不需要单独安排一场对话，利用已有的沟通机会，适时提出这些问题就可以。不需要冗长的铺垫，只需要问几个问题。

下面列举了在“关系盘点”的交流中可以问的一些问题。正如我在本书其他章节中提到的，在一场对话中只需提几个问题，不要问完列举的所有问题。你想要的是沟通，而不是讯问。你可以将某些问题留在下一次对话时再提。正如其他章节列举的问题一样，切勿通过电子邮件或调查问卷询问这些问题。

除搜集信息之外，谨记你是在维持一段融洽的关系。调查问卷能够有效提供大量信息，但它们不能巩固已有关系。这就是为什么有的公司以免费几日游为诱饵，“贿赂”员工填写调查问卷。坦白说，我宁愿自费旅游，也不愿填写那些蠢得要命的调查问卷。想问这些问题，你应该给同事打电话或亲自拜访。

在“关系盘点”对话开始时，你可以这样说：“迈克尔，感谢你百忙之中抽出时间与我沟通。你的反馈能够帮助我们部门把工作重点放在急需处理的工作上。我可能会在以后合适的时间询问更多的信息，但今天我只想听听你对这些问题的看法。请实话实说，我保证，你提出的任何建议，我都会洗耳恭听并且深表感激。”

然后，再问几个“关系盘点”问题。

1. 你希望我了解你们部门发生的哪些事情？
2. 自从我们上次见面后，你们的业务是否有所调整？
3. 我们之间的合作取得了哪些进展？
4. 我们之间的合作遇到了哪些问题？
5. 过去几个月里，我们做了哪些超出你期望的事情？
6. 过去几个月里，我们做了哪些让你失望的事情？
7. 我们能做出哪些调整，更好地改善你们部门的工作？
8. 你们部门跟我的下属合作关系怎么样？
9. 你还想告诉我什么？

想获得有价值的具体信息，就询问具体问题

你可能会发现，“事情进展怎么样？”没有出现在上面的问题清单上。对于“事情进展怎么样？”的正确回答是“很好”，这样的回答对你没有帮助。所求即所得，如果你的问题含糊不清，得到的只能是一个模棱两可的回答。如果你想获得有价值的具体信息，那就询问一些具体的问题。

看完上述几个问题，你们当中有些人可能会举棋不定，心想自己肯定没有勇气问这些问题。你一定可以，问几个问题不会要了你的命。听听他人的想法对你大有裨益，因为大多数人害怕说出任何负面的话，他们很可能会小心翼翼地一笔带过。克服心理障碍，选择坦诚相待，你一定可以做到。

正确的回答永远是“谢谢你”。

我已经在这本书的很多地方提到，对于来自他人的多数反馈，你的回答都应该是“谢谢你”，即使你认为对方在胡说八道或者说得完全不对。他说的正确与否无关紧要，重要的是你知道他人如何看待你和你的部门。一旦你接收并适当地采纳了这些信息，你就知道如何采取进一步行动。但在反馈对话中，表示谢意后说什么话，在这本书的后面我们还会讨论。

爱提问的员工最聪明

我们知道大多数人不够坦率，他们总会在背后议论他人，而不会当面直说。不要因为你没有收到上司的反馈，就以为一切进展顺利。很多管理者不会给予任何反馈，不管是正面的还是负面的。

对于很多得不到晋升的员工，上司永远不会告诉他们原因。由于缺乏反馈，员工得不到必要信息，因而也不能及时调整自己的行为，进而获得相对的肯定。很多公司遮遮掩掩，取消了某些职位，而不是直接告诉那些员工，他们不符合要求。

聪明的员工不会坐等他人来告知自己的工作情况，而会主动发问。不要自以为工作关系非常融洽，获得必要的反馈是必需的，它们是你改进工作的依据。因此，你应该定期主动征求上司、部门同事以及其他部门同事的反馈，不断调整，取得进步。

总结上述几章，想要与上司、下属、同事建立良好的工作关系，需要在工作关系建立之初设定期望，然后定期征求反馈。虽然大多数人不会主动提问，但提问的益处数不胜数。

◎ 通过培养信任感，你能建立新的关系或巩固已有关系。人们通常会信任那些愿意主动了解自己，并尊重自己要求的人。

◎ 你向同事表示，希望与他们建立良好的工作关系，彼此可以坦诚相待。询问他人工作方式的偏好，表明你决心与他们建立并保持顺畅的工作关系。

◎ 加深对其他部门的了解，他们的职责、工作传统和流程以及所倾向的合作方式，减少误解，尽量避免做无用功。

◎ 你会显得与众不同。最近有同事询问有关你工作方式的偏好，以及你们部门之间的配合度的问题吗？问这种问题的人很少，真正能做到的多半能脱颖而出。如果你就是这样的人，那么大家一定会认为你积极主动，容易相处。

◎ 如果你了解他人喜欢的工作方式，你就能够用合适的方式与他们进行沟通，让工作关系变得更加高效、融洽。办公室风波和流言蜚语也会减少。效率、成就感都将得到提升，工作氛围也将得到改善。

建立关系之时，要向别人表示你希望与他们保持良好的关系，询问工作方式的偏好是一个很好的开始，但你不应该止步于此。良好、有效的关系需要维护，要定期与其他部门同事进行沟通，询问彼此的业务进展和调整情况。

自从上次见面后，他们的工作重心发生了什么变化？还要做其他的调整吗？你和你的部门提供的哪些服务得到了他们的认可？你们的工作关系进展如何？工作中的主观臆断好比你买了一辆新车，从来不换机油，直到跑了十万千米后车子瘫痪了，你仍然不知问题出在哪里。你应该及时跟进，定期、主动征求反馈，并满怀谢意地接受，你会明显感受到工作情况得到了改善。

确保你永远不会失业的 10 个小窍门

除非一家公司要裁掉上千名员工或你所属的整个部门，否则以下窍门可以确保你永远不被裁员。做一个精明干练的职场人，避免被裁员的命运。请参照以下 10 条建议。

1. 了解你的声誉。召集一小群关心你的人，无论是朋友还是同事，总之是一群能跟你坦率沟通的人。
2. 定期寻求反馈。“最近怎么样”是问候语，不是问题。如果你希望知道自己的服饰传递了怎样的信息，一定要亲口问一问。如果你想知道自己给他人留下了怎样的第一印象，也一定要问出来。
3. 获得反馈后，记得向对方道谢。这样对方下次才会更愿意回答你的问题。
4. 乐于了解自己在工作中的位置。如果上司没有提供反馈，提一些具体的问题获悉你想要的反馈。如果还是没有获得你需要的信息，换一个询问对象。

5. **确定哪些人有机会向决策者反映你的工作表现，了解他们对你的看法。**你如果不知道哪些人能影响你的事业就无法了解相关信息。
6. **弄清楚什么工作对公司最重要，把时间、精力都投入那些工作上。**不要在他人认为不重要的事情上浪费时间。
7. **你如果准备争取更多工作，就主动提出为影响公司利润的部分承担责任。**相对于能产生效益的工作，除非迫不得已，否则应尽量避免开支性工作。
8. **擅于团队协作。**不要做一个经常抱怨、制造障碍的人。如果公司的预算变紧张，这类人会最先被开除。
9. **如果你的能力无法胜任目前的工作，主动提出来，避免将来由别人提出来。**
10. **一定要做自己擅长的工作。**摆在眼前的工作成绩毋庸置疑。

第 8 章

破坏人际关系的四大杀手

果断删除多余的、不必要的社交关系，
用更多的时间和精力
去追寻有意义的互动，
不仅不会危及人际交往，
反而会改善人际关系。

一本脱俗的亲密关系培养手册《恰到好处的亲密》

基拉·阿萨特里安

你可以直接向老板、上司或同事表示想要与之建立良好合作关系的意愿，也可以请他们提供反馈意见并对他们的帮助表示感激，还可以直接询问他们偏爱的工作方式，但如果对方不信任你，以上种种努力都无济于事。你必须证明自己表里如一、言行一致。

我们都希望与信任的人共事。你不认识、不信任甚至不喜欢的人有没有对你提出过批评意见？你当时的反应如何？

你内心真实的声音是否在说：你以为自己是谁啊？你自己早上 10 点才上班，吃个午餐花 2 个小时，下午 4 点半就下班走人了。你对我的工作一无所知，别对我指手画脚，还是做好自己分内的事吧！或者你想的是：他就是对我不满，与我的工作表现无关，无论我做得怎样，他都有意见。

与提意见的人关系不好或不熟悉时，我们多半会质疑意见的可信度。你如果希望他人听取并接受你的意见，就必须首先与对方建立以信任为基础的人际关系。否则，你说的每句话、每个词都会受到质疑。

如果你是管理者，职位的优势使你有权力获得想要得到的反馈，但问题是无论你的头衔多高，信任原则都会生效：如果下属不信任你，你直言不讳的批评意见很难让他们接受；如果你的上司不信任你，他会质疑你说的每句话以及你说这些话背后的动机。交流过程掺杂了许多莫须有的情绪，十分吃力。因此你可能会尽量避开他们，推迟提供反馈的时间，错过正确的时机。

不要让暂时缺乏的信任感扼杀了人际关系的发展。做到相互信任需要时间，破坏信任却是一刹那的事。

你如果希望他人听取并接受你的意见，就必须先与对方建立信任。

杀手 1　八　卦

人们习惯在背后议论我们，而不是直接与我们交流。如果你有话要说，就应该直接与他人交流。如果你还没有勇气直说，就干脆什么都别说。

八卦是破坏人际关系、公司文化以及职业前景的第一大杀手，但八卦对我们有着极大的吸引力。

绝大多数人认为背着当事人说他的坏话才算聊八卦，但如果我们说的是他的好话呢？

"苏珊娜昨晚看起来美极了。我认为她一定是瘦身成功了。"这算不算八卦？

我们来看看字典上如何解释"八卦"。罗吉特（Roget）词典上对"八卦"的定义是"闲聊或谣言，尤其是关于他人的隐私或私事的谣言"。

"聊八卦的人"的同义词包括"饶舌的人""多言的人""喋喋不休的人""造谣者""长舌妇""好管闲事的人""话匣子""狗仔""爱说闲话的人""告密者""好事者"和"爱搬弄是非的人"等。

"八卦"最严格的定义是："在某人不在场的情况下，谈论与他有关的事。"基于本书讨论的目的，我们把"八卦"定义为"旨在改变他人对特定人物的观点的闲聊"。

现在，我们讨论的是如何管理你的事业、人际关系以及名誉。尽管我们不熟，但我不希望你认为我是一个多事的长舌妇。

我曾报名参加过一门课程，学员共有80多人。每个季度有一个周末上课，一年共4次课。我们制定了几条守则，其中一条就是上课期间，课程参与者不得在任何时间、任何地点聊八卦。

起初，我以为这条原则与我无关，接着我开始留意我的行为习惯。当时，我是一个管理者，在公司里有一个知己。大多数人在公司都有“自己的同伴”，某个我们非常信任，可以倾诉、抱怨的人。我们两个经常坐在我的办公室里，关上门，抱怨上司做的错误决策。开始关注“不准聊八卦”这条原则时，我才意识到自己不仅聊八卦，而且非常擅长聊八卦，甚至可以说是非常热衷于聊八卦。承认吧，聊八卦特别有意思。

问题是聊八卦会破坏信任。如果同事与你聊别人的八卦，他也会跟别人聊你的八卦。你并没有什么特别的，就算你是一个特别的人，也不能幸免于难，八卦面前人人平等。

随着职位的上升，你获悉的信息会越来越敏感：员工的工作表现、企业的财务状况以及公司裁员决策等。对于管理者而言，评估晋升对象的一项重要标准恰恰就是能否放心地把敏感信息透露给你。如果高层认为你喜欢聊八卦，很难做到守口如瓶，你就很难获得晋升机会。

聊八卦，是人的本性之一。我们都聊八卦，这个习惯永远也不可能改掉。最理想的情况，可能就是尽量克制背后谈论，减少八卦的频率了。

聊八卦在家庭生活中也很普遍。几周前，某位朋友就向我透露了不少她家的小道消息，比如哪位远房表亲在办离婚手续、谁的子女在商店偷了东西等。她与这些人已经多年未见，甚至未曾交谈。然而，她母亲总会向她透露这些“最新消息”，而且从来不认为这是聊八卦，她只是不想让女儿孤陋寡闻。

帮助客户提升企业文化时，我总建议他们禁止员工休息室和走廊聊八卦。提这条建议时，我总会听到相同的反对理由。“我们只是在宣泄情绪。宣泄情绪可不是聊八卦。说出来才能让我们好受些。”此言差矣。

场景化案例

对不起，请不要在办公室里聊八卦

有一天，我和同事坐在办公室里针对最近的一次会议宣泄情绪（聊八卦）时，我突然意识到，这次谈话让我筋疲力尽。我们把让人恼火的事情都聊了一遍，结果，我们越聊越火大，怒气完全没有得到宣泄。

除为了解决问题或做计划而进行必要的交谈之外，其他交谈都属于聊八卦。聊八卦只会让你感觉变糟，不可能让你的消极情绪得到释放。

如果你认为有必要聊一聊工作中发生的事，交谈对象务必选择上司或同级。向下属“宣泄情绪”属于聊八卦，会让对方的处境极为尴尬。我建议你不要在工作场合聊这些，而选择与家人、工作场合以外的朋友聊一聊，当然了，聊的时候最好用假人名。更好的选择是跟你的宠物聊一聊，它绝对不会泄露半个字。将宣泄情绪定义为聊八卦后，人们就开始留意自己背地里谈论他人的频率，企业内聊八卦的现象也会减少。

梅根女士也参加了一年期课程，她在自己的办公室里推行了这项“不准聊八卦”的规定。她从不聊八卦，批评他人时从不指名道姓。相反，她每次听到别人聊八卦时，会举起两根手指，做和平手势。

她的做法的确有些过时，但她希望做一个提示性而非带有批评指责意味的动作，引起对方的注意。她没有指名道姓，只表明自己留意到有人在聊八卦。

过了一会儿，同事问她做那个手势的原因。她解释说：“我参加的课程不准聊八卦，所以我听到有人聊八卦时就会做那个和平手势。”没过多久，每当梅根从走廊走过时，办公室就会变得非常安静。人们看到她的身影，意识到自己在聊八卦，就立刻停止。同事们看到梅根的反应，如同在高速路上驾驶的司机看到了交通警察，突然间，所有车辆都不敢超速行驶了。

做了几周和平手势后，其他员工也开始使用这个手势。梅根所在的公司是一家不到 250 人的小公司，消息流传得非常快。没过多久，公司的执行总裁召见她，问她和平手势的含义。梅根告诉了他，而执行总裁竟把“听到有人聊八卦就做和平手势”写进了公司章程！

留意员工喜欢聚集在哪里聊八卦。每家公司都有一个聊八卦的地点：休息室、复印室、走廊、停车场、茶水间或是洗手间等。男士们，我知道你们不会在洗手间闲聊，我要说的是：洗手间，就是女士们“开小会”的主要场所。会议上宣布了某项愚蠢的新政策后，女同事们会习惯性地聚到洗手间聊一聊会上的事，在此之前，她们会查看一下洗手间有没有其他人。

女士们知道男人不这么做，男同事们进进出出洗手间，没有人在里面闲聊，而女士们总是三人一群五人一伙地钻进洗手间，一待就是 20 分钟以上，男人们对此疑惑不解。现在你们知道原因了。我们很可能就在谈论你们。

杀手 2　食　言

信守承诺的目标是：只承诺打算做的事。完全做到这点不太可能，不过我们至少应该做到这一点：意识到自己无法信守承诺时，尽快告诉对方，千万别拖拉。

生活中，你有没有碰到过凡事都说“好”的人？他并不是马屁精，只是很容易被说服。公司组织周三狂欢、周六打网球、周日远足，无论是什么提议，这个人总是高兴地说“好”！

但这类人却是履行承诺的“矮子”，当下什么提议都赞成，等到真正执行时，他们又不愿意信守承诺，想取消计划。他们承诺过会出席你的派对，结果却没有出现，约在中午 12 点一起吃午餐，他们总要迟到 15 分钟，预计完成的项目，也因为他们不得不延期。这些人不可靠，因此也很难获得别人的信任。

我们都承诺过无法做到的事，重点并不在于是否总能信守承诺，而在于当我们无法履行承诺时，有没有及时告知对方。

如果你周一承诺参加周末的一个派对，周三却突然得知无法出席，就不要等到周末才通知对方。这个时候，大多数人都会觉得愧疚，所以一再推迟告知对方的时间，然而这种做法只会让问题变得更糟。你承诺过带沙拉或者开车载某个人参加派对，周三发现自己去不了后拖到周六才告诉对方，令他人措手不及，会引起更大的麻烦。

工作上也一样。如果上司规定你在指定时间内要完成某项任务，当你无法完成时，应尽快告诉他。及早“说明情况”，要比到截止日当天或之后才告知对方好得多。上司越早得知情况，越有充足的时间及时另做安排，完成工作。让上司或他人陷入危机，绝不是什么好事。

杀手 3　抵　赖

我们都做过一些令自己后悔不已的事：错过项目的截止日期、在工作中犯错、让对方失望。成年人跟孩子一样，不愿承认失败。长大成人后，我们仍会为自己开脱“这不赖我”或“不是我干的”，因为我们不想让共事的人失望。

被别人发现我们犯错时，坚决抵赖是我们的本能反应，但抵赖只能让事情更难收场，还不如痛快地承认。

在被发现的当下，你一紧张撒谎了，尽快折回去说明真相。反正你已经逃不掉了，对方迟早会知道，说出来至少还能保住诚信。

杀手 4　隐　瞒

了解事情缘由或经过后，问题就容易解决了，因为人类对周围事物有强烈的认识意愿。

然而，一开始并非出于恶意捏造的谣言，得不到及时的“抢救”，就会像癌细胞一样迅速在公司内扩散，破坏领导者一直努力打造的企业文化。

场景化案例

消息往往会长腿

公司的老员工约翰打算辞职，但他还没有下定决心，只把离职计划告诉给了一个他信任的人，并告知了对方不要张扬。但这条消息终究还是被泄露了。

大家一直不知道约翰离职的原因。但大家都有“求知欲”，于是纷纷展开大胆的想象。约翰被竞争对手挖走了？他与老板起了争执，没有找到下一份工作就愤然辞职了？约翰与直属上司有不正当关系，所以公司要求他离职？所有猜测都不属实，但总会有一个版本的“原因”，最终变成人们众所周知的“事实”。

用张贴公告的形式澄清事实能有效阻止谣言和八卦的散播。约翰和直属上司保住了他们的信誉，员工把精力重新放在了工作上。企业领导者开诚布公地宣布敏感信息，并相信员工能对此保持理智的做法，有助于营造良好的企业文化。

我不建议领导者把所有事情都告知员工，有些事执行层知道就够了，但这类不能透露的信息屈指可数。

非管理职位的员工可以尝试直接发问，毕竟想了解公司政策和工作流程，更多地意味着对公司发展和领导、同事的关切，有助于提升名誉和威信、巩固人际关系。

企业的成功和综合实力，体现在所属员工的人际关系质量上。如果同事之间缺乏信任，无论什么沟通技巧和交流工具都无法促成默契的配合。从现在开始：如果你是员工，尽量别聊八卦，实在想谈论别人的事，要么直接与当事人沟通，要么绝口不提；如果你是管理者，尽量敞开心扉，主动与员工分享更多信息，相信他们能够接受真相，因为信任是相互的。

除此之外，当我们无法信守承诺时，尽早告知对方，犯了错就要勇敢承认。

让大家都想和你共事的 10 个窍门

在所有企业中，大家都不愿与三类人共事。他们都是在新项目开始之前，同事敬而远之的对象。不要成为“那个人”。跟随下面的建议，你将成为同事心目中想要共事的人，而非不得不共事的人。

1. 不要八卦。如果你有话要说，就直接告诉当事人，否则什么都别说。
2. 不要把电子邮件抄送给不必要的人。这会破坏共事者对你的信任。
3. 请求帮助。遇到某些没法解决的困难时，直接说出来。
4. 信守承诺。如果你说了要做某件事，就要做到。当你意识到自己无法兑现承诺或者不想做的时候，尽快告诉相关责任人。
5. 戴耳机。不要在室内用免提功能打电话，或者听音乐不戴耳机。这都会让坐在你周围的人抓狂。

6. 不要在办公室交头接耳。如果你需要花 2 分钟以上的时间来说点事情，那请到会议室或者没人的办公室。
7. 给予他人你能力范围以内的帮助，但不要完全取代对方。帮忙与抢功劳、争项目之间还是有很大区别的。
8. 控制你的情绪。没有人想要和脾气暴躁的人共事。你可以在停车场大发雷霆，但是不要在办公室。
9. 不要在办公时间谈私事，就算有也请你关上门。没人想知道你的情感关系岌岌可危或你的孩子有什么麻烦。
10. 专心工作。如果你做事马马虎虎，或者拖延工期，到时候影响的是你的同事和部门。

HOW TO SAY ANYTHING TO ANYONE

第 9 章

反馈，你的职业发展路线图

当人们向我们吐露心声
或感到脆弱的时候，
在不打断别人的情况下给出积极反馈。
让他们知道我们听到了他们的心声，
并且在持续关注他们。

畅销书《财富自由笔记》

琳赛·蒂格·莫雷诺

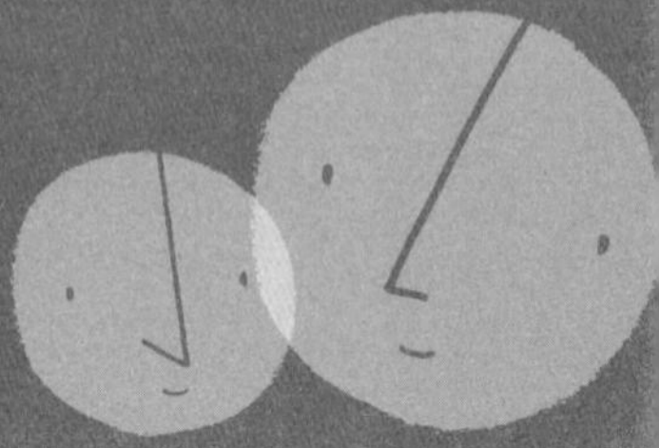

你第一次到朋友家聚餐时，在谷歌地图和全球定位系统导航出现之前，他们是怎样给你指路的？女主人怕你迷路，所以把路线描述得很详细：“沿主道一直开 12 千米左右就到居民区了。再经过三四个街区后，左手边是博物馆，右手边是学校。开到学校往右转，开到医院附近的话就开过头了。”

你怀疑自己开过头了，尽管你既没看到博物馆也没看到学校。你开始怀疑自己走错路，于是你把车停到路边给朋友打电话。她一再保证没有走错，只是还没到。“继续往前开就能看到学校。”几分钟后，你果然看到一间学校。

正面反馈：让你明确方向，顺利前行

驾驶时，路标就是帮我们确认没走错路，正朝着预定目的地顺利前进的反馈。就像我们需要明确知道驾驶方向正确与否一样，我们也需要清楚地知道自己在工作中的表现是否恰当。

在现实工作或生活当中，大多数人认为告诉别人消极的信息很困难，但有时我们传递积极信息的概率更小。我们期待事情进展顺利，希望他人言行一致，把分内事做好。

在我们看来，别人都应该知道要这样做，所以没有必要再提醒他们什么。

正面反馈的作用相当于里程碑，让我们知道自己暂时做得不错，应该继续努力。如果不清楚自己所做的哪些事情达到了别人的期望值，需要坚持去做，我们很可能因为不了解其中的价值，而任意停止做这些事。

上司给一位同事指派了一个大项目，她忙得人仰马翻，感到压力巨大。你主动提出来帮忙，晚上和周末加班帮她完成了部分工作。因为你的帮助，她才在几乎不可能的情况下按时完成了工作。然而，她从没有感谢过你，下次你还会帮她吗？

我辞职开了培训公司后，一位叫简的女下属接替了我之前的职位。公司不打算招聘新员工，因此她除了完成本职工作，还要负责过去我要做的工作。

很快，简就忙得喘不过气来了。事情太多，时间和资源却太少，必须做取舍。像所有专业人士一样，简把所有的任务进行了排序，最无关紧要的任务放在最后，尽量避免做无用功。她决定不再制作月报表，因为从来没有人对这耗时不菲的“工程”发表过意见。没过多久，她的上司布莱恩一脸怒气地冲进她的办公室，向她追问那些报表的下落。

简并不知道那些报表实际上很重要。每隔 30 天，公司的两位股东、首席执行官和首席财务官等人就要根据月报表评估各部门的绩效。布莱恩理所当然地认为简知道月报表的重要性。他认为没有必要跟她强调这项工作要准时完成和提交。

简和布莱恩都从这次经历中吸取了教训。布莱恩明白要及时获得简的反馈，才能了解工作的具体进展情况，简学会了询问上司的意见之后再给工作排序。

太多人认为他们应该先以正面、积极的反馈做铺垫，再提供令人不悦的负面反馈。“嗯，先说点好消息，让对方心情好一点，再把坏消息告诉他们。”这种想法大错特错。我真希望每次听到别人说这句话，就能得到 1 美元，这样我就成为百万富翁了。所以还是把这种做法留给客服代表吧。

同事的工作表现有时超出预期，也有时会让你失望。他们有时候会不辞辛苦地帮助你、教你掌握一些必备的技能，或者在上司面前赞扬你的工作表现。他们也有可能会遗漏类似会谈记录内容等某些重要信息。有选择地战斗，并抓大放小。

记住，如果你希望源源不断地获取有价值的信息，你需要不断结识那些优秀的同事。

刚刚强调完正面反馈的重要性，接下来我们会着重讨论如何提供负面反馈。其实，提供两种反馈的“原则”是一致的。我们之所以要把探讨的重点放在负面反馈上，并不是因为负面反馈更重要，而是因为，对大多数人而言，更难给别人负面的反馈。

负面反馈：知道何时闭嘴是一门技术活

讨论如何提供反馈前，我们先聊一聊什么是反馈，什么不是反馈。提供反馈不外乎两个目的：改变或强化他人的某种行为。

我之前有一位同事马克申请了另外一个部门的职位。经历几周面试后，只剩下 3 位候选人。最终，马克争取到了这份工作，他相当兴奋。受聘后，他特意跑到新部门，感谢大家选择了他，并说能够被大家推举为第一人选，自己感到很荣幸。

团队中有一个叫乔的人很不喜欢马克，他立刻告诉马克他并不是团队的第一人选。实际上，马克是他们最后一个选择。另外两人放弃了该职位，选择马克是迫于无奈。

乔提供的是反馈吗？不是。他并非试图改变马克的行为或鼓励他继续某种行为。他说这话纯粹是为了打击马克。这种事万万不可做，但我们每个人都做过。人们因为某事恼火而无处宣泄时，愤怒的情绪就会以肆意抨击的方式发泄出来。

恼火时不要肆意抨击，我建议你“开口前审视自己的动机”，扪心自问：“我的初衷是为了改变或鼓励他人的某种行为吗？”如果不是，那么请闭嘴，否则，只会破坏人际关系和你的声誉。

反馈只是沟通的一个部分，而并非全部。把所有想法都告诉别人，不仅不合适，而且也没必要。可以提供反馈的情况：

他人征求你的意见时；

征得别人同意后，你可以发表意见而且能提供具体事例；

事情是最近刚发生的，最好是一周内发生的；

你希望帮助对方提高绩效或希望他保持某种好的做法。

以下情况不要提供反馈：

你很气愤，想借机表达愤怒；

你不喜欢这个人，认为现在是向他表达不满的最佳时机；

虽然他没有要求你提供反馈，但你认为他似乎很需要；

你没有征得对方同意就表达自己的观点；

这是一个让对方在众人面前丢面子的好机会。

征得同事的同意后，你打算提供反馈。你打算对他们说什么？绝大多数人都像害怕去看牙医那样害怕提供反馈。我们都知道应该每隔半年就看一次牙医，但总拖着迟迟不去，直到痛得死去活来，不得不进行牙根治疗。

提供反馈跟见牙医差不多。我们坐视同事毁掉自己的职业前途却置之不理，在很大程度上，我们眼睁睁地看着他往火坑里跳，却只字不说，心里想着轮不到自己发表意见。

我曾与客户的一位员工交谈，她认为即将开始的部门培训作用不大。很多部门项目规划欠佳、机构臃肿。她详细地描述她预期的最终结果。

“我看这事儿悬得很。我们无法按时完成项目，客户会非常不满，整个部门的人都要夜以继日地加班才能平息整件事。结果可想而知。”她解释说。

我问她那为什么不把这些话告诉部门主管琳达。

“不行。”她说。

“为什么不行？”我问道。

她耸耸肩，回答说：“何苦自找麻烦？她并不想听这些。”

这种事情时刻在发生，任何公司都发生过类似事件。大家几乎一致认定：绝口不提比说出真相容易得多。

我们已经谈过如何提供和获取反馈。首先必须征得对方同意。在对方不认可的情况下，我们很难把真实的想法说出口，对方也很难听得进去。一厢情愿的反馈容易让人联想到唠叨的妈妈。我们也知道她是为我们好，但她的建议真的很烦人。

未征得别人的同意就没有提供反馈的权利。

即便在一段双方彼此信任的人际关系中，征得同意后提供反馈，接受方还会产生抵触情绪。如果他们没有任何的抵触表现，那你就要注意了：要么他听力有问题，要么他根本不在乎你的意见。

我曾经指导过一位名叫杰夫的经理，他有一位工作表现极差的下属。杰夫一直在纠结该如何把真实的反馈告诉这位下属。于是，我们俩一起为谈话内容打了份草稿，并修改了几次。杰夫与那位员工交谈后就立刻打电话告知我沟通过程。

“我完全按照练习好的那样说的，她很抵触。她难道不应该心存感激地接受我的意见吗？我认为她的抵触情绪也是一个问题。”

我很想说："你真是个白痴。"但我忍住了。杰夫完全忘记对方不过是个普通人，听到负面反馈自然会有抵触情绪。

还记不记得小时候父母总教导我们过马路时要先看左边，再看右边？这么做的目的就是避免你被飞驰而过的汽车撞到。成年人听到负面反馈后产生抵触情绪也是一样的道理。这种反应机制能保证我们的安全。

没有人乐意听到别人评价自己工作表现很差。无论同事的表面态度如何，没有人在周一早晨醒来就想着：今天我要怎么做才能把事情搅得一塌糊涂呢？我该把谁惹恼呢？我该推迟交哪份错漏百出的文件呢？

相反，即便不奢望在他人眼中被视作完美，大多数人都希望表现良好。受到他人质疑时，我们为自己辩解是再正常不过的事，这种行为几乎是自动、自发的。我们甚至意识不到自己在辩解。不要害怕看到对方的抵触情绪，应该预料到对方会有这样的反应。把对方的抵触视为他是地球人的证据。

伊丽莎白·库伯勒-罗斯（Elisabeth Kubler-Ross）在其著作《论死亡与临终》（*On Death and Dying*）中讨论过 S.A.R.A.H. 模型。库伯勒-罗斯认为所有人丧失至亲后都要经历震惊、愤怒、抗拒、接受、心怀希望这 5 个阶段。

S.A.R.A.H. 模型后来被应用于描述人们接受负面反馈的过程，

在职场上经历了重大转变。我们先感到震惊，接着感到气愤，抗拒，最终会渐渐转变为接纳并心怀希望。

每个人经历这些情绪阶段的节奏不同。有些人只要几天就能到达接纳阶段，另外一些人需要几周。但我们都要经历这些阶段。尽管提供反馈的人不能也不会为了照顾接收者的情绪，无限期地保留意见，但他可以有意识地降低反馈的负面杀伤力，并且帮助对方更快地接纳反馈。在接下来的几页里，我会为你提供缓解对方情绪的一些方法。

具体的反馈，才能换来想要的结果

我之前做过职业培训师，负责为客户规划人事流程、评估员工绩效。给出的评价绝大多数是含糊其词、适合于任何人的。典型的评价通常是"罗伯有团队精神，今年工作非常努力，表现很好，对公司的贡献很大"。

听起来很受用，但实际没有多少用处。不幸的是，我们提供并接受的反馈大致都是这样的。有点像小孩子早上吃"嘎嘣脆船长"早餐，嚼起来嘎嘣响，味道好得不得了，却没有一点营养。

收到一切类似"不错""很好"简单肯定现状的消息，都犹如吃"嘎嘣脆船长"。反之，具体、详尽的反馈意见才是成年人应该吃的“早餐”，富含健康所需的各种营养。具体的反馈就像健康食品，能告诉我们需要做什么才能获得想要的结果。

如果你在节食，电子秤上屏幕告诉你“干得不赖，继续保持这种势头”，你肯定会要求退货，因为这台秤根本没有显示体重。价值反馈必须具体，必须描述事件经过、行为结果以及另外一种做事方式，必须包含属性（形容词、副词、名词）和行为（描述对方行为的动词），见表 9.1。

表 9.1　既提到属性又包含行为的例子

属性（嘎嘣脆船长）	行为（具体的反馈）
具有团队精神	主动帮助团队里其他成员完成工作
勤奋	愿意想尽办法完成工作任务； 周末经常在办公室加班
难以共事	质疑每项决定
好员工	能正确地完成工作任务
一丝不苟	在工作中注重细节
积极进取	即便在开会，他如果觉得恼火 也会不自觉地提高嗓门

“罗伯的团队合作意识很强。”这样的反馈只提到了属性，完全没有提到罗伯被认为团队精神很好的行为。所以，罗伯也就不

清楚该继续哪些行为。如果罗伯逐渐拥有了较强的团队合作意识，也纯粹靠的是运气，而评价对他毫无帮助。

对罗伯而言，有价值的反馈应描述表现团队合作精神的具体行为。然而，罗伯得到的评价除让人感觉良好外，毫无意义。

好的反馈很具体，犹如观看一部视频。提供反馈的人描述事情经过，并安排重播。具体的描述能让接受方回想当时的情形，有不当处，自己会一下意识到，不太可能再为自己辩解。这样反馈的接受度会很高，遭遇的抵触情绪就会相对少。

提供了栩栩如生的事情经过画面后，才算是提供了真正的反馈。如果缺少以具体行为做基础的描述，仅提供有关属性的反馈，并不算真正的反馈，只能算是不起实际作用的“耳边风”。

你如果想激起对方的抵触情绪，就只管提供含糊的反馈吧。这样的反馈也随时有可能因为太含糊而被误读。

还记得那个候选人马克的例子吗？马克半年前曾申请过这个职位，但当时被拒了。招聘委员会认为他为人傲慢，因此不愿意让他加入团队。负责招聘的经理想帮助马克，于是告诉马克他与这个职位无缘的主要原因在于团队认为他为人傲慢，马克自然强烈抵触这个“无端的指控”。

傲慢对不同的人有不同的含义，表现方式也多种多样。仅告诉马克别人认为他傲慢，等于没说。但把让他显得傲慢的具体言行告诉他，就非常有用。马克不知道自己做了什么给大家留下这样的印象，只能按照自己的想法揣测。人们得到含糊的反馈时，会疑惑不解并四处询问。他们会问别人："别人说我傲慢。这话是什么意思？你觉得我傲慢吗？"

重申一遍，反馈的目的在于改变或强化某种行为。负责招聘的经理并没有给马克提供足够的信息指引来改变他的行为。

经理应该做的是，要么绝口不提，要么询问马克到底有哪些行为给大家留下了傲慢的印象。那位经理后来发现马克喜欢对别人指手画脚，即便对方的职位或头衔比他高，喜欢告诉别人该怎么做，还喜欢装出一副对公司里的事情无所不知的样子。他总爱收集小道消息，然后告诉大家马上会有大事发生，但其实他根本什么都不知道。既然这些行为让人觉得他傲慢，负责招聘的经理就应该给马克提供这些具体、清晰的反馈。

如果无法提供具体的事例，说明你还没有做好提供反馈的准备。

把反馈比作食物，具体的反馈是能为你提供对职业抉择起重要作用的营养。得知他人对你的看法能帮助你正确选择保持哪些行为或改变哪些行为。选择是一种力量，这种力量能让你自己掌控事业发展的脉络。

接下来的几个章节，我们要讨论的是如何提供及获取更加有价值的反馈。

沟通练习

提高面试成功率的 10 个小窍门

多次参加面试却始终没有找到工作，着实让人沮丧。绝大多数面试者都会犯一些典型的错误，而这类错误通常是可以避免的。下面，我要告诉大家几个能极大提高面试者成功率的小窍门。

1. **让你敬仰的专业人士对你进行模拟面试。**把面试可能遇到的问题交给模拟面试官，让他向你提问。参加模拟面试时，穿职业套装。要求对方开诚布公，自己也坦率地接受反馈。
2. **手写一封感谢信。**发电子邮件不行，因为手写的信跟电子邮件完全不一样。发短信也不好。
3. **练习大声做自我介绍以及讲解工作中取得的成就。**面试是推销自己的好机会，但大多数人说自己的时候，音量都会变小。

4. 无论回答什么问题都尽量把时间控制在60秒以内。

5. 不要说任何前雇主的坏话。

6. 对于“你有什么缺点”这个问题，想一个能表现出你有自知之明的答案。

7. 预设你可能被问到的问题，提前准备好答案。绝大多数面试会问的问题都很好猜。

8. 向面试官提问。不提任何问题的面试者会显得不够用心或者准备不充分。

9. 把提问题视为推销自己的一种方式。问面试官一些能突出你职业技能和工作能力的问题。“我过去积累了很多管理大项目的经验。那些技巧将如何在这里发挥作用？”

10. 如果对方没有聘用你，发电子邮件或打电话要求对方提供反馈。如果你不问，永远无从知道原因，而且很有可能在下一次面试时犯下同样的错误。只需要说：“谢谢你提供面试机会。我希望你能告诉我怎么做才能成为一个更合格的候选人，非常感谢。”

第 10 章

反馈方程式，让沟通无往不利

不要害怕承认自己的无知，
要主动寻求帮助。
学会从同事、下属、
管理者等关键利益者处
收集重要反馈来提升自己的技能。

不甘平庸者的高配人生法则《自律力》

马歇尔·古德史密斯 & 艾伦·韦斯

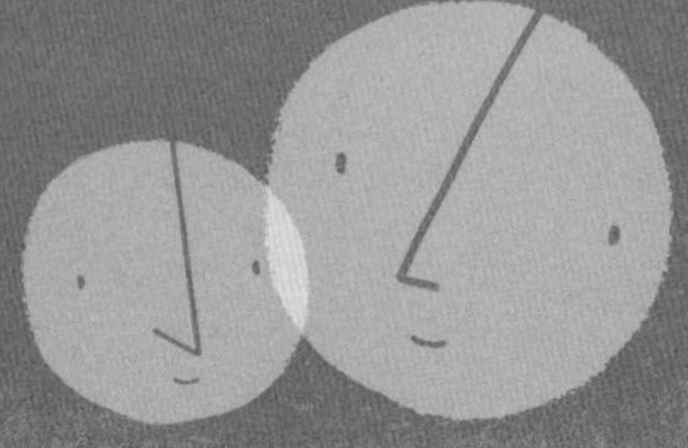

第 10 章 反馈方程式，让沟通无往不利

我怀疑很多人拿起本书的目的是想掌握反馈方程式，学会如何告知周围的人他们有多讨厌。好了，马上就是方程式了。下面 8 个步骤能在几分钟内帮助你说出任何难以启齿的事，无论多么难以表述的事情，都可以轻松说出口。

1. 简要概括一下你打算沟通的内容以及你的初衷。
2. 表达同理心。
3. 描述你观察到的行为。
4. 分析行为的影响或结果。
5. 与反馈接受方进行交流，询问他对当前情况的看法。
6. 提出你的建议或要求："以后，希望你能……"
7. 对接下来的步骤达成一致。
8. 表达感谢。

这 8 个步骤的对话完成后，你能让反馈接受方回顾自己的行为，意识到这些行为的影响，适当地做些辩解，并且着手计划未来的调整方向，如果他能参考你的意见就再好不过了。

下面是 8 个步骤的具体作用。

1. 说明交谈目的　让反馈接受方有心理准备。
2. 表达同理心　拉近双方的心理距离，表明你的诚意。
3. 描述你观察到的行为　让反馈接受方回想起你描述的事例。你描述得越详尽，他抵制反馈的可能性就越小，他越有可能听取你的建议，并在之后进行有效的调整。
4. 分析行为的影响或结果　描述行为的结果，让接受方意识到你的反馈的重要性和你对他提供的帮助是真诚的。
5. 与反馈接受方进行交流　让双方都有机会表达想法，确保你们的反馈沟通是双向互动的，避免只有反馈提供方的独角戏。一方滔滔不绝，一方假装在听，心里抵触。良性的反馈沟通中，反馈接受方会以提问、交流、分析、建议、探讨的方式完整地展现自己反馈的真诚、客观性。
6. 提出建议或要求　绝大多数反馈沟通会告诉对方他做错的地方以及这种行为的影响。极少数会提供真诚、有效的建议或要求。但只有这样，才能帮助接受方迅速改善行为现状，让人们分享质疑的积极意义。如果我们知道更好的做事方式，会选择用更好的方式做事。

7. 对接下来的步骤达成一致　沟通后，双方针对接下来的行动方向达成一致，达成信任，共同制定调整方案。

8. 表达感谢　结束对话，对接受方愿意进行这样有挑战性的对话表示感谢。

如果你要在对话中提供几条反馈，逐一提出来，而不要把几条反馈夹杂在一起，混为一谈。例如，如果你想告诉对方要准时上班以及细心检查工作上的失误，那么先用 8 个步骤谈论迟到的事，达成一致后，再回到第 1 步开始交流第 2 个问题。每次只谈一个问题，对方才能明确知道他该怎么做。

控制情绪，专注于事实

8 步反馈方程式简单、直接，但仍有欠缺。方程式注重事实，你的感受不是重点。这可能已经是你们第 10 次谈这个问题了，但对方的行为没有明显改善。你完全有理由懊恼，但表达愤怒也于事无补，只会让对方感觉不好。

每当别人给我的反馈话中带刺时，都会让我想起 8 年级的一次西班牙语测试，我习惯性地把男性词和女性词搞混淆了。我的老师威尔斯夫人叉着腰，翻了好几轮白眼，然后叹了口气，不屑地说："我实在没有力气再跟你解说一遍了。"

她完全有理由用这句话表达恼火，一点也不过分。但她还不如告诉我"我觉得你实在是没有学西班牙语的天赋"。这样的表述比较有用，还没那么伤人。

反馈对话常常包含太多这类语句。

> 你太令我失望了。
>
> 我很恼火。
>
> 我们还要继续在这上面浪费多少时间，才能看到你的改进。

反馈提供方的感受并非反馈方程式里的重点，因为这场对话的核心不是你。重点是接受方以及他的行为。

不要说："你太令我失望了。"不如说："你的行为在部门中造成了负面影响。如果你继续如此，我就不得不把你调整到一个不起眼的职位上了。"

不要说："我很恼火。"不如说："我们已经就这个问题谈过几次了，我没有看到任何改进。老实说，我实在不知道该怎么办了。你有没有什么想法？”

不要说：“我们还要继续在这上面浪费多少时间，才能看到你的改进。”不如说：“针对这个问题，我们谈过很多次了，但好像改观不大，梅根主动提出来想要指导你，我觉得这个提议不错。或许她的反馈会更清晰。”

多次沟通，不见实效，你可能会想：什么时候可以停止提供反馈？接下来该怎么办？

1. 放弃反馈并解雇那名员工。
2. 把他调到更能发挥其特长的岗位。
3. 不让他参与某个项目。

无论结果如何，及时提供反馈总归是对的。如果尝试了多次后，效果仍然不显著，那就只能另寻其他合适的人选了。

沟通多次后，对方的行为仍没有明显的改进，我们很容易会泄气。放弃之前，我会问自己如果对方进步不大，后果严重吗？如果反复沟通没有带来应有的转变，我觉得问题可能出在我之前提供的反馈不够到位，没有引起对方的重视。

人们会改变行为方式不外乎两个原因：造成积极结果和消极

结果。如果我可以尽情地吃饼干、冰激凌、巧克力，但也不会胖得过分，我肯定会尽情享用它们。但不会有这种美事，所以我没有那么做。道理就这么简单。

如果你在乎对方的感受，更应该有话直说

如果遵循反馈方程式，你的谈话就会显得简单而直接。但我们大多数人都不会采用这种方式。相反，我们总喜欢迂回地提出反馈，这种旁敲侧击的沟通方式只会浪费更长时间。

面向企业传授反馈技巧时，我总会请两位学员模拟最难应付的反馈谈话，任务是说出“你身上有味道”。谁愿意告诉别人这种事？但如果你工作过几年的时间，你也许就会遇到这种情形。

我把方程式教给学员，让他们利用它提供反馈。人们通常会采用的方式是：“呃，约翰，我有点事情要跟你说……唔……有点尴尬。我注意到，实际上办公室里其他人也可能谈论过。我听说，你身上有味道。”

我经常遇到人们翻来覆去地谈同一件事，用了很多不必要的词，传递的信息却很有限。培训期间，这些学员吞吞吐吐说他们“只是希望自己态度友好”。旁敲侧击、延长提供反馈的时间并不是友好的表现。尽量简短、清楚地把具体要求表达出来才

是友好。直截了当才能给接受方最直接的帮助。你给他的是真正的营养而不是速食麦片。如果对方有进步的意愿，你就为他提供了改变的动力。

很多人倾向于通过其他同事传递负面反馈，这种间接的反馈方法容易引发猜疑和偏执。分析你观察到的言行，接受方会明白你想表达的意思。没有必要暗示组织中其他人也持有相同观点。这种做法只会伤及对方其他的人际关系。

如果你只听到传言而没有亲眼所见某些事，尽量亲自观察一下。比起“我听说”或“团队里不少人留意到……”，用“我留意到”开始提供反馈要有力得多，也容易得多。你用他人的结论开始反馈对话时，对方更容易出现抵制反应，也听不进去你的意见。他只会觉得遭他人背叛，那个人没有胆量直接跟他提意见。

有时候实在没有机会直接观察，你不得不告诉对方是从他人那里听来的反馈。尽管这种情形不太理想，但只要反馈的情况属实且影响很大，就应该提出来，因为接受方需要而且非常有必要获悉它。

你代表他人提供反馈时，我建议你鼓励接受方把反馈视为养料。鼓励他注重得到这些信息的价值，积极寻求解决方案远比找出提供信息的人更有意义。我知道尽管你也建议他不要这么做，但大多数人离开你的办公室后的第一件事就是直接质问对方为什么不直接告诉他。但即便是这样的结果，也比不让对方知道要好。

我认为担忧甚至一时的愤怒要比一无所知强。

好了，话题重新回到身上有味道的人身上。利用 8 步反馈方程式进行的反馈对话应该是这样。

第 1 步：说明交谈目的

“约翰，有件事我需要跟你谈一谈。”

第 2 步：表达同理心

“接下来的谈话有些尴尬，请你理解，其实我也不愿意跟你说这些，我只是关心你，希望你事业发展顺利。”

直截了当并不意味着缺乏同情心。但这只是我的说话方式，你需要另行组织自己的语言，以尽可能人性化的方式传递这些尴尬的信息。

第 3 步：描述观察到的行为

“约翰，我留意到你身上有味道。”

第 4 步：分享行为的影响或结果

“我知道这个话题很让人尴尬（语气更委婉）。我们工作的空间不大。我不希望他人不愿意与你一起工作或者对你有负面评价。尽管我也觉得尴尬，但我宁愿告诉你有时候身体出了状况，会散发出气味，也可能是吃了有特殊气味的食物。”

第 5 步：进行对话，询问接受方的看法

“你觉得呢？”（留一些时间给约翰自由表达想法）。

第 6 步：提出未来该如何做的建议或要求

“我真的很抱歉，但我必须告诉你。建议你每天来上班前都冲个澡，经常换洗衣物。如果有什么其他想法，请一定要直接告诉我。”

由于话题很让人尴尬，跳过第 7 步，直接到第 8 步

“谢谢你愿意和我进行这样的沟通。”

此刻，你可能已经目瞪口呆，因为你觉得告诉别人“你身上有味道”这种话，你绝对说不出口。这样的话题确实让人尴尬，我希望所有人都没有机会聊这个话题。对于接受方而言，别人简洁明了的告知比扭捏、含糊要好受一点。设想一下，身上有味道的这个话题你宁愿持续 2 分钟还是 20 分钟？

你可能会想：我不应该告诉别人勤洗澡和洗衣服，甚至这对别人而言是一种侮辱。没错，是不应该。但请记住，其他人并不是你，他们的做事方式与你不同，尽管有些事看起来是常识。如果你的同事做不到这些，显然需要有人告诉他。无论你多么委婉，这样的信息总是很难让人接受。

但比起被同事嫌弃和排挤，还是让真正关心他的人真诚地提醒他一下更好。把真相告诉对方，实际上是在帮助他。

再举一个例子：几年前，有个叫丽萨的同事，每当她有事找我时，她都喜欢在我办公室外徘徊，一发现我有空闲就在未经许可的情况下冲进来跟我讲话，没给我一丁点准备余地。讲了几句后，我不得不打断她："抱歉。我不知道你在说什么。你可不可以重新说一遍？"

虽然这种情形让我很无奈，但足足持续了一年多。我希望下属在工作中遇到难题能随时找我沟通，但丽萨的做法对我而言更像是干扰，浪费大家的时间，快把我逼疯了。几个月后，我决定用 8 步反馈方程式和她进行一次反馈沟通。

第 1 步：说明交谈目的

"丽萨，有件事我想跟你聊聊。"

第 2 步：表达同理心

"这个话题说来确实让我们觉得尴尬，但我觉得还是得说出来，我们一起来解决。如果让你感到不快，请谅解。但请相信我是真心想要和你沟通，帮你获得改善。"

第 3 步：描述观察到的行为

"我留意到，每当你想来找我时，你总爱在我办公室门口徘徊，发现我空闲下来，就突然走到我面前，说你要说的事。"

第 4 步和第 6 步：分享行为的影响或结果，提出建议或要求

“要知道，你开始说的那一刻，我脑子里想的多半是另一件事。我需要几秒才能跟上你的节奏。等我反应过来时，已经错过了你的重点，所以我只好请你重复一遍。这是在浪费彼此的时间。”

“你有事来找我，先敲门并询问一下我是否有时间。如果我说有时间，也请给我几分钟处理好手头上的工作，之后我才能专心致志地听你讲。准备好后我会告诉你。另外请先给我一些背景资料，让我了解事情的来龙去脉。如果我没有时间也会告诉你，忙完后我会尽快找你。”

第 5 步：进行对话，问接受方的看法

“你觉得呢？”

第 7 步：对接下来的步骤达成一致

“那么，下次你有事找我时，先敲门，问我是否有时间。如果没有，我会告诉你，等忙完后就尽快找你；如果有，请给我几分钟忙完手头上的工作，同时给我一些背景资料。这样可以吗？”

我们已经解除了“徘徊者的干扰”，除非你在家办公或在橱柜里工作，否则你就有可能遇到这种难题。你可能留意到我在谈话

时改变了反馈方程式的顺序，顺序并不重要。提供具体反馈，说明另一种行事方式，结束反馈对话前让接受方说一说他的想法，反馈的目的就可以轻松达到。前提是你与对方建立了相互信任的关系，征得对方许可后提供反馈。

任何话题都可以在 2 分钟内表达清楚。信息越简短、直接，越容易被对方接受。

遵循 8 步反馈方程式。直截了当的同时，一定要设身处地地为对方考虑；事例要具体；给对方表明自己思想的机会；就未来解决方案达成一致。请相信，对方可能不喜欢你的谈话内容，但他们最终会感谢你的坦诚。

让团队工作效能最大化的 10 个问题

当受雇者在工作过程中遇到困难，或发现组织的运作存在某些问题时，大部分人倾向于不向管理者如实反馈。除非管理者亲自询问，他们不会主动开口，即便管理者发问了，有些员工可能依然保持沉默。

以下 10 个问题，能你从员工那里获取一些有价值的信息，借助这些信息你能够帮助他们取得成功。

1. 近 3 个月你所做的工作中，取得的哪一项成果让你最有成就感？
2. 正在进行的工作中，你对哪些工作项目满怀热情？
3. 正在进行的工作中，你认为哪些令人感到无趣或沮丧？
4. 公司的优秀之处有哪些？为什么？
5. 公司不尽如人意之处有哪些？为什么？

6. 如果我的一个改变能使你产生重要的变化，你希望这个改变是什么？
7. 你对我有什么要求吗？
8. 从我这里所获得的事物中，哪些是你的需要？是什么在影响我们的工作关系？
9. 如果想改善我们的工作关系，需要做些什么？如果我做出某种改变，能够对你产生帮助，那么这种改变是什么？
10. 你认为公司目前的状况中，有哪些我应该知晓？

第 11 章

价值反馈，有“技”可循

你通向满足感的旅程，
首先从确定你到底要去哪里开始。
要做到这一点，
唯一的方法就是实验、反思，
并在此过程中获得反馈。

激发个体、团队和组织价值的底层逻辑
和解决方案《价值激活》
丹·斯柯伯尔

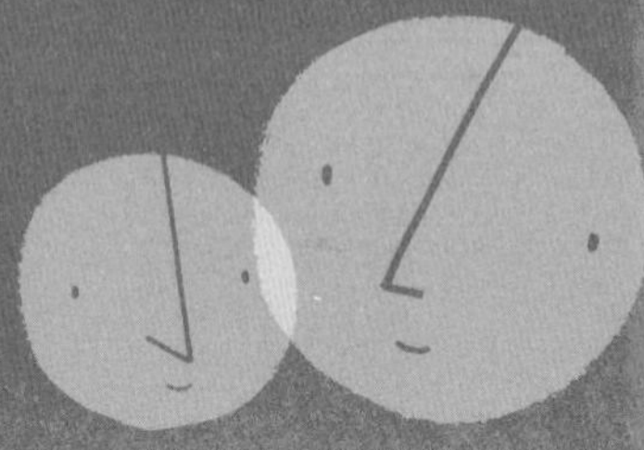

面谈，更利于我们获得他人的信任，并巩固人际关系。我知道这话听起来不可信。告诉别人“你做的某某事让人恼火”，居然有助于人际沟通？事实的确如此。你选择进行一场艰难的面谈，表明你在意对方和你们之间的关系。如果不在乎，你尽可以把他的“劣迹”告诉别人，或干脆避免与他共事。

别让电子邮件或语音留言泄露了你的胆怯

难以启齿的事，用电子邮件或语音留言说出来，要比和当事人面谈容易得多。这两种方式能让你有充裕的时间理清思路，很好地控制情绪，也不用想着如何应付对方的反应。但语音留言时你无法控制语调，没机会看到对方的反应，也无法确信他会接纳你的反馈，并按照你希望的方式改进。

但再多看似便捷的沟通工具都取代不了面谈。尽管在线约会大行其道，大家也享受在社交网站上与朋友沟通交流的乐趣，但仅用电子邮件无法建立和维持友谊。告诉你的朋友你正在和陌生人约会或打算跟这样一个人结婚，看看他们会有什么反应。他们一定会百般阻拦你这种疯狂行为。

缺乏胆量的人才用电子邮件和语音留言提供反馈。征求对方同意后面对面地反馈、沟通，不会像你想的那么恐怖。尝试过几次，你就会觉得这样做挺容易。最初的几次对话，可能会让你觉得有压力、很紧张，你的情绪也会感染对方。但随着次数的增多，情况会有所好转。

提供反馈有点类似约会，会随着次数的增多而变得越来越容易。头几次，你可能花了很多时间准备。约会了几次后，你可能会直接告诉对方你刚健身完，身上的味道不好闻。第一次约会与后来的约会有什么不同？不同之处在于你的状态。随着你与新恋人相处得越来越融洽，你开始有勇气提供负面反馈。

经常有人问我，如何给异地的员工提供反馈意见。答案是打电话。除不能通过电话告知对方被解雇外，工作表现、上司更换、轮岗安排等，都可以在电话里说。并不是只有面谈才能进行有意义的对话。

但如果你认为打电话缺乏人情味，也可以利用聊天工具进行视频对话，这就要求在家办公的员工刷个牙、洗个澡、换一身正装，出门“透透气”了。不过，偶尔让他们把身上的睡衣换下来也是有好处的。

建立牢靠的人际关系，需要有直言不讳的勇气

几周前，我与朋友通电话时，他说：“我很善良，而你不是。你说话太直接，总把真实想法告诉对方。如果别人做了什么让你恼火的事，你都直接告诉他们，而我却不会。”

我当时大吃一惊。

谢谢他的坦率，不过逻辑正确与否，我们拭目以待，眼睁睁看着别人自毁前程一言不发的才是好人？真诚地提醒并给他们机会改正的反而是坏人？这在我看来似乎恰恰相反。

可想而知，假设我与这位朋友共进午餐会有怎样的遭遇：如果我的牙齿上有菜叶，他肯定不会告诉我；如果我上完洗手间，厕纸黏在鞋后跟上，他也肯定不会说。让一个牙缝里塞着菜叶，鞋后跟粘着厕纸的人回办公室开会，怎么会是善良呢？绝对不是，确切地说，这应该是胆小鬼的行径，好朋友或关系好的同事肯定不会这么做。

与这位“善良”朋友的交流，使我想起了一位供应商。每次

接到我的电子邮件，而他又不知道怎么回复，或不愿意满足我的要求时，他就躲着我，装作没看见。这可不是面对客户需求应有的态度。他以为随着时间的推移，我最终会忘记这些要求，到时他就得救了。我却觉得这只能说明他胆小如鼠，而且不是一个合格的商人。

对“善良”似乎有这样一个定义：即便朋友、同事做了傻事甚至要往火坑里跳，你也要保持沉默。我们要做的不是阻止他们自毁前程，而是假装一无所知，因为直言不讳会被视为粗鲁，而我们也一下子成了“不善良”的代名词。

我要尝试重新定义“善良”，用下面这个解释如何？

善良是发现别人的言行存在风险时，在征求对方许可后，坦诚地告知实情。这表明你支持对方，宁愿自己当“恶人”，也要把坏消息告知他们。即使这让他们暂时感到不悦，但总比被炒鱿鱼或晋升无望好得多。

我曾无数次听到别人说：“出于照顾他的感受，这事儿我不能告诉他，担心会伤他自尊。”得不到提拔却不知原因，远比被告知“经常性的迟到和工作失误让同事觉得你不靠谱”更让人受伤。在办公室里遭议论也比被告知在会上嗓门大影响他人，导致大家认为你难以共事更让人受伤。

本书前面提及的所有指导性原则完全适用于价值反馈，它要求反馈提供者必须具备两种宝贵的特质：一是勇气，二是改善他人行为的意愿。指出别人的工作表现达不到期望、身上有气味、组织能力欠缺，这的确需要勇气。

提供反馈前，要先征得对方同意，这有助于顺利开展沟通，但沟通的过程依然会很艰辛。没有人愿意听这些话，所以没有人愿意告诉他们。但我保证，人们宁愿被告知明显的缺点和不足，也不愿意始终被蒙在鼓里，稀里糊涂地承受失败的结果。

及时反馈，不要错过最佳时机

除了提供真实、清晰、具体的反馈，还有不少沟通方法，既能减少对方的抵触情绪，还能帮助对方了解你的想法。其中一种就是及时反馈，因为这时当事人对被反馈的具体情形仍记忆犹新。反之，如果你等到几周或几个月后才提及这件事，对方可能已经记不清，而你显得有些小气，别人会想：你在故意找碴吧，这么久之前的事还耿耿于怀？

不必为过去的事所累。等对方再犯时，当面向他反馈，把该说的话说出来，然后既往不咎，并引导对方也能这样。

每次关于及时反馈的培训课上，我都只讲解一两个方面的反馈。每到这时，我总能听到听众席的叹气声。总有人举手问我：

“工作中遇到的问题那么多，只强调这几种方面怎么够？”我的回答是：“你想反馈的那堆问题已经持续多久了？现在反馈还有意义吗？”接着，所有人都不吭声了。

如果等了几周甚至更长时间才指出某个问题，你已经错过了反馈的最佳时机。如果对方的行为造成了一定的影响，等到下次再出现时，立刻指出来。如果那种行为没有再出现，就没有必要翻旧账了。

要在事情发生后一周内提供反馈：如果你或者对方的情绪不适合立即进行沟通，那就等第二天或者双方都冷静下来的时候，坐下来进行理性的交流。不要等到三四周后，发生的事情成为遥远的记忆时才提出来。在满足以下条件的前提下，事情发生后尽快提供反馈。

1. 你很冷静，对话不会受你的情绪影响；

2. 反馈接受方也很冷静，能够听得进去你的意见；

3. 你们有足够的时间进行沟通，也就是说接下来的10分钟内，你们俩都不用赶着做其他事；

4. 挑选合适的沟通时机。下面几类情况下不宜反馈面谈：他的孩子生病了、来上班的路上又爆胎了、午休出去吃饭又把车的保险杠撞弯了等；

5. 双方都不是明天开始休假，必须给对方时间想一想你说的话，并带着问题重新找你。

等待正确的反馈时机与故意推迟反馈之间只有一线之隔，稍不留神就会越界。谨记，提供反馈是为了改变或强化某种行为。拖延太久，再真诚的反馈也毫无价值，因为人们无法改变已经遗忘的行为。

有效的价值反馈，需要事先规划

假设今天是开年第一天，你打算制定新年计划或个人目标。此刻，你野心勃勃。你的目标可能是：每周锻炼 5 次；还清贷款；戒烟；培养几样爱好；每周做一次义工；清理院子；增加 30% 的收入。这份清单不应该是年计划，而应该是一份“注定让自己一败涂地的清单”。

一个人不可能同时专注于 10 件事。不如学一学杰出的体育教练：他每次只下达一项指令，要求运动员一次只练习一项技能，等运动员完全掌握后才练习下一项技能。

用同样的方法训练你的下属。

1. 控制反馈的信息量，每次只提供一两条反馈信息；

2. 对方的行为有进步后，提出表扬；

3. 强调尚未改变的行为。

我还有最后一条有助于减少对方抵触情绪，确保他把你的话听进去的建议，那就是私底下提供反馈。当着众人的面或者在很多人都能听到你们谈话内容的情况下提反馈意见，对方的抵触情绪会很强烈。接受方会觉得尴尬，或担心其他人听到你们的谈话内容，而再没有心思听你说什么，而且不会再信任你。

在众人面前提供负面反馈会破坏人际关系，这种破坏通常难以修复。善加利用公司会议室，在那里提供反馈意见。如果公司的会议室和空办公室有限，就到其他同事不常去的咖啡厅进行反馈面谈。

进行反馈面谈让人很有压力。为了确保你没有遗漏，事先规划好谈话过程。

大约 10 年前，我手底下有一位脾气暴躁、缺乏理性的经理凯瑟琳。与她交流的压力非常大，每次会面时，我总因为压力过大而遗漏一半以上我想说的话。如同到一位脾气急躁的医生那里看病一样，从他办公室出来后你才意识到忘记询问一些问题。于是我开始为我们的会面做准备。

每次会面前，我都把打算讨论的事项列出来，把特别难以启齿的部分大声读出来。你如果做过公开演讲，就应该知道在脑海中预演与大声念出来的效果很不一样。凯瑟琳开始变得激动，我开始觉得慌张时，我就查看清单，把讨论过的话题删除，继续讨论下一个事项。手里拿着清单能让我保持镇定，也确保我能取得预期的效果。

在为难以进行的反馈面谈做准备时，以下几个问题，可以帮你预先想好答案。

哪些行为有效？

哪些行为无效？

对这个人而言，最重要的信息是什么？

你希望这个人改变哪些行为？你的要求是什么？

有什么你想说却不打算说的话？你打算先说什么？

最重要的是鼓起勇气。即便你忘记了本书里介绍的所有建议与指导原则，提供反馈的方式“全错了”，也好过什么也不说。告诉对方真相能给予对方新力量。

如果你的表达方式欠妥，务必向对方道歉。如果你伤害了对方的感情，大胆地向他道歉。得知残酷的真相总比申请同一个岗位3次，总是失败却不知道原因要好得多。同事的心理承受能力要比你想的强，你也一样。

对让人恼火的行为三缄其口要比说出来容易，但沉默不利于改善现状也无法改善你与同事的关系。不管同事听到反馈后有何反应，他们确实希望知道各种行为对声誉的影响。如果你愿意告诉他们真相，你是在帮助他们。

鼓起勇气，当面把该说的话说出来，不要通过电子邮件或语音留言。提供反馈前先征得同意，确认时机是否适合；花时间为反馈面谈做准备；提供反馈时及时、具体，并提供事例；每次只强调一两件事。尽管对方一开始可能有抵触情绪，但你最终会赢得同事的信任。

年初，管理者应询问员工的 4 个问题

如果管理者不告诉员工公司的目标，员工就不知道该如何专注于那些目标。询问以下问题有助于员工专注于工作目标。

1. 你认为我们今年的工作重心有哪些？
2. 你认为今年公司的重心是什么以及目标是什么？
3. 你今年打算从事或投身哪种类型的工作？你对什么项目最感兴趣？
4. 要做好今年的工作，你需要哪些资源？

第 12 章

如何管理你的公众形象并影响他人？

你遇到不好相处的人，
试图分析他们的问题时，
心里要牢记这样一种可能：
有问题的人会不会是你自己？

顶级企业最佳培训教材《心理学家的倾听术》

马克·郭士顿

你是不是很想知道，怎样才能打听到大家对你的评价？

很简单：问问他们！这里有几个小技巧可供参考。除非你与世隔绝，否则你早就应该意识到：人们喜欢背地里谈论别人，而不是当面沟通。

15 年前，一次惨痛的教训改变了我事业发展的轨迹。我辞去了自己热爱的工作，进入技术培训这个对我而言完全陌生的行业。公司让我参加一个为期 10 周的新员工培训项目，课程结束后我就得负责培训下一批新员工。

我当时在分部任职，4 位负责培训我们的同事都在 1 600 千米外的总部工作。过去 5 年，老员工都得到分部培训新员工，培训期间只能在万豪国际酒店落脚，培训结束前大家就迫不及待地想回家了。我的培训进展越快，他们就能越早回家。

所有同事年纪都差不多，大家很快就成了朋友，下班后相约一起聚会。因为我渴望成功，所以我向新朋友兼同事寻求反馈。他们也承诺，如果我的言行有不妥之处就会告诉我。故事到这里听起来都还不错，对吧？

不幸的是，培训材料对我来说过于专业，我完全摸不着头脑。由于不想表现得过于无知，我并没有表露我的困惑。我觉得如果我问了一些非常蠢的问题，跟我一起的培训生就会告诉下一批同事，他们的培训老师什么都不懂。所以培训时我总是一言不发地坐着，生怕暴露我的无知。

培训进行了6周后，上司把我叫到办公室。她说："莎丽，你的培训效果很不理想。"我当然知道，还用她说，我只是没说而已。不过我很好奇她怎么知道的。她继续说道："总部的同事向我反映了一些情况。他们说你在培训中从没问过问题，他们认为你过分傲慢和自信，没有认真地看待这份工作。我希望你回家认真想清楚，是否想在我们公司工作，明天告诉我你的决定。"

我没有想到的是，打小报告的人正是我之前请求过与我坦诚相待的人，也是我连续几周下班后一起消磨时间的"朋友"。他们向上司告状却不愿意告诉我。正是这件事让我学到了非常重要的一课——人们就是喜欢背地里谈论我们，而不是直接与我们交谈。

这次经历改变了我的生活。我很气愤，觉得受到了伤害而且疑惑不解。我翻来覆去地想，我真的表现得过分自信吗？他们真的认为我傲慢吗？我实在不知道该如何解读这些反馈，只好向他人求助。于是，我打电话给父母、给最要好的两位朋友，以及几个以前的同事。我并没有给不喜欢我或别有用心的人打电话。我告诉他们，别人对我有意见，我想与他们共进午餐，聊聊这些事，并保证无论他们说什么，我都会心存感激。

他们中的 6 个人准时赴约，我问了每个人以下几个问题。

1. 我给人的第一印象如何？
2. 你们和我相处或共事这么久，你们的感觉怎么样？
3. 你觉得同事们背地里会怎么评价我？
4. 我有没有做过超出你预期的事？
5. 我有没有做过让你失望的事？

我得到的反馈既有正面的，也有负面的。无论家人、朋友和同事说什么，我的回答都是“谢谢你”，虽然有时候我真的很想为自己辩解。

这次午餐后，我确信，归根到底：我之前并不知道别人怎么看待我。进行这样的反馈沟通确实不容易，但价值不可估量。

你认为无关紧要的细节，决定着他人对你的评价

我们做的每件事都会给他人留下印象，包括衣着、上班时间、在办公室里和谁的关系好、办公桌是否整洁等。正是这些看似无关紧要的小细节影响着我们的前途。如果你只穿适合夜店穿的细高跟鞋或者皱巴巴的卡其裤，与公司的氛围格格不入，也没人会告诉你。他们只会暗自认为你不适宜接待重要客户，也没资格当临时负责人。

我辞掉上一份工作前雇用了一位新员工凯特。她很年轻也很聪明。后来我才知道，她不太懂职场规则。我经过大厅时，好几次看到她撅着屁股站在前台和别人闲聊，整个办公室的人都能看到她这个站姿，极为不妥。一般人可不会这样，希望她也不是有意为之。我还留意到，凯特经常跟副总裁的助理一起吃午餐，全公司都认为那位助理工作态度懒散，不可靠。作为一名新员工，凯特的行为会形成他人对她的评价。

这样先入为主的评价似乎有失公允，但其他人的确会根据凯特亲近的人来评价她本人。人们会把你和你亲近的人联系在一起。如果你总和勤奋、聪明的同事在一起，人们也会认为你勤奋、聪明，除非你后来的表现改变了他们的这一看法。如果你跟喜欢聊八卦的同事在一起，人们也会认为你很爱聊八卦，不值得信任。

再举一个例子：我曾为一家公司提供咨询服务。有一天，这家公司的一位经理打电话来询问我的建议。他听说一位比较优秀的员工想跳槽，如果真的是这样，对公司绝对是一大损失，他不知道该怎么办。

我问他："你怎么知道那个人准备跳槽？"他说："有人说在聚会时听到这位员工跟别人这么说过。"其实，那位员工并没有打算跳槽，他只是对目前的工作状态不是很满意，而又不知道是不是应该告诉上司这一点。

人们喜欢议论别人。虽然我踏入职场已经有 18 年了，我还是对私下谈论内容的深度以及这些内容被流传的广度感到惊讶。我得到的教训是：注意你选择的谈话对象和谈话地点。即便对方向你保证他不会告诉别人，但总有一天他会管不住他的嘴。

两个人见面后，10 秒内就会形成对彼此的第一印象，而且第一印象很难改变。因此，了解别人对你的看法很重要，这有助于你管理公众形象，进而把握职业发展的方向。

不幸的是，你无法控制他人的感受或想法。**幸运的是，你可以改变公众形象。你可以通过改变言行、衣着以及工作积极性来改变别人的看法。**如果你想请同事给你一些意见，你必须做好接受一切的准备，还必须对所有反馈表达感谢。如果收到的是负面反馈，表达感谢可能有些困难。

尽管我们渴望获得赞许，但我们也需要别人的负面意见，虽然这话听起来可笑，你或许会想：我怎么会希望听负面意见呢？试想一下，如果没能获得别人的真实意见，无论你在一个岗位上埋头苦干多少年，始终不得志，却不知道原因，你会不会愤愤不平地离开这家公司，继续到另外一家公司从头做起？无论是什么行业，成功的秘诀其实都一样。如果没能掌握这些秘诀，你的事业就会停滞，转行、跳槽都没用。

我们都知道，同事和老板也知道，每个人的工作习惯和沟通技巧都有提升空间。要让别人觉得可以向我们提意见，前提是得让对方觉得："我们的关系很可靠，直言不讳没问题。"得知别人对我们的看法，可以帮助我们进步。

有多少次你问别人意见时，对方告诉你"还好"，结果在6个月后的绩效考核中，你得到的是差评。"干得很好"听起来很好，但没有什么实际价值。

几年前，我的一位女上司最爱说"反馈是最棒的礼物"。尽管她热衷于打击别人的做法让人很难接受，但她是对的。没有几个人会对你开诚布公。如果有人"敢行天下先"，那么他就是你的福气。这是他能为你做得最有价值的事。

反馈如此重要，但鲜有机会获得，怎样才能让同事对你说真话呢？

怎样让他人对你说真话？

找几个你信任且说话直接的同事，而不是不喜欢你、觊觎你职位或动机不纯的人，征求反馈。直言不讳有风险，在乎你的人才会甘愿冒此风险。可以这样征求反馈：

> 我们在一起共事很久了，也了解彼此的工作状态，但从来没有聊过这个话题。如果我们提示对方工作方法中的不足，你觉得怎么样？你愿意吗？
>
> 我一直想提高自己主持会议的能力。你愿意看我演示一下，然后给我点意见吗？
>
> 我会很感激你提供的宝贵意见。实际上，我很看重别人的意见，如果你愿意告诉我，我很感激。我保证接纳你的意见，并真心地感谢你。

自然一点儿，勇敢地提出你的要求。

同事会亲自观察你的言行，有机会看到让你建立好印象以及破坏你声誉的行为。因而在改进工作方式、提高工作效率上，具备帮助你的特殊优势，但如果你不主动征求意见，他们不会提出来。所以，敞开心扉，欢迎大家给你提点意见吧。

你也可以向以前的同事、朋友和家人征求意见。亲密的朋友和家人能想象得到你的工作状态，以及阻碍你事业成功的原因。你或许会对此感到诧异，但要知道“江山易改，本性难移”。好相处的人不可能一到职场上就变成特别难缠的人。

如果你上班总爱迟到，很可能你与朋友和家人约会时也总迟到。如果你的穿衣品位有问题，与你一起外出就餐的亲朋好友也心知肚明。如果你话太多，讲话声音又大，或者你嘴不够严，最亲密的朋友也一定知道。不要低估与你一起共进早餐的人，他们基本上能猜到你在工作中的表现。

负面意见让人很难接受，但通常情况下，却是我们应该重视的“常理”。如果老板提供了 5 条正面反馈和 1 条负面反馈，接下来的一整天里你会想什么？我相信你跟大多数人一样，会忘记那些正面反馈，只纠结于那一条负面反馈。

负面反馈总能让人忘记正面反馈。没有人愿意获悉他做错了什么，或者他为何总让他人失望。所以，我们听到负面反馈时容易反应过度。通常我们倾向于通过开脱来保护自己。这是一种条件反射，我们根本无力阻止。

因此，要对自己的抵触情绪有所准备。发现自己有抵触表现后，立刻加以克制，将来才有机会获取更多反馈。你要意识到自己容易产生抵触情绪，并且自己的反应可能与对方期待的反应相反。

如果有人告诉你实话，尽量让谈话轻松愉快地进行，他们下次才有可能继续讲真话，不然对方以后就不会讲真话了，你能获得的真实反馈也会越来越少。

“谢谢你”始终是正确的回答

无论听到哪种反馈，正确回答始终是：“谢谢你。”表达感谢并不意味着对方说的正确或你赞同对方的观点，仅仅表明你收到了他的反馈并感谢对方愿意坦白告诉你。

收到反馈时，可以通过提问题的方式获取意见的详细内容和更多其他的信息。

如果意见不够具体，可以要求对方提供事例。无论收到的意见让你多么难以接受，都不要过多地辩解。但可以向对方说，你需要一些时间来消化这些反馈，希望稍后再跟他具体探讨。

得知他人对你或者你的部门有何看法和评价后，把已有的优势发挥到极致，想办法逐个解决每个问题，改善不足，获得提高。

一个人每次只专注做一两件事，这样成功率才最高。每次选择一个优势发挥到极致，选择一个劣势进行完善并提高，坚持 3 个月或 6 个月后，将提高后的劣势视为优势加以发挥。循序渐进，这将帮助你最终达到提升自我的目标。

获取同事的反馈后，你如果希望上司也提供一些意见，可以直接找他。你的要求或许会让他措手不及，你也知道大多数人不愿意当面直言别人的不足之处。为了让大家都从中获益，可以这样开始这场对话：

> 同事们对我说______。我相信你的判断力，希望听听你的意见。你愿意在未来两周内留意我的这个行为吗？之后，如果方便的话，我们可以约个时间聊一聊你的观察结果？你看可以吗？

发出这个邀请，你就做了大多数人根本想都不敢想的事。再举一个例子：

> 你能否就我主持的项目启动会议提一些意见？上次会议后，不少团队成员都向我反映，他们并不十分清楚我给他们的职责分配。
>
> 你是否愿意参加下一次的会议，并告诉我你的看法？我尤其想知道我给团队成员制定目标时的表现如何。
>
> 我希望下次负责项目时，每个成员都清楚各自的职责。会议预计在周三下午 2 点召开。真心希望你能参加。

如果方便的话，下周我们约个时间就你观察到的情况讨论一下，你看可以吗？

我建议你像上述事例这样去做的原因在于：了解你的工作内容并定期提供反馈是你的上司的职责所在，直接向他表明“我需要更多的意见”，暗示他可能没有尽责。征求特定反馈则没那么明显。除非整天盯着你，否则他不可能了解你工作的方方面面，再说整天被人盯着也不好，除非你希望有个凡事都要过问的上司。再说了，这样的上司并不是每个人都能接受的。

这种信息收集策略能让你的上司掌握更多主动权，而且保住了他的颜面，而不是把他的疏忽暴露在大家面前。如果你就某方面的工作表现征求上司的意见，他却答不上来，会令他很尴尬，预约反馈沟通的时间就能避免上述情形出现。最终，你会显得有头脑、尊重上司，愿意接纳他的意见、专注于职业发展。渐渐地，你就有机会获得更多的反馈。

遵循这些步骤，你就能获取更多及时、具体且真实的反馈，有益于你把握职场人际关系，取得良好的工作业绩。不要想当然地断言事情的进展态势，征求并虚心接受他人的意见。

1. 征求他人的意见；

2. 无论收到何种反馈，都要向对方表示感谢；
3. 不要有抵触表现，即便你认为他错了。这是他根据自己的立场提供的反馈。你听到的只是他人的感受。你的看法无法改变已发生的事实。

下一步，尝试向给你意见的对象阐述下面 5 个要点。

1. 我一直忙于______；
2. 我想听一听你的意见；
3. 我想听听你对______的看法；
4. 未来两周内，你都有机会看到我______；
5. 我们可以约个时间聊一聊吗？

接受反馈时的反应技巧。

1. 做好心理准备，你一定会有抵触情绪；
2. 当你开口说“我不是为自己找借口，只是______”，你就开始在为自己开脱了；
3. 没有情绪激动得涨红脸、高声地反驳，并不意味着你没有抵触情绪；

4. 对给你反馈的人说声谢谢；
5. 思考一下对方说的话；
6. 结束谈话；
7. 仔细思考对方所说的话；
8. 情绪平复后，如有必要，带着问题去找向你提意见的人。

你接受反馈的态度越好，获得的反馈就会越多。你如果真的希望获得事业上的成功，就必须学会接纳各种反馈，这是一种必要的职场素养。所有的反馈都是信息，它们能帮助你管理公众形象，取得事业成就。

擅长与他人合作的专业人士很清楚自己的公众形象，以及这种形象如何影响他人。问题是你周围的人宁愿和其他人议论你，也很少会提醒你："你在工作中不应该犯某某错误。"他们有限的反馈有时会让你迷茫，不知该如何提升自己。每到这时，问一问你的亲人和朋友，他们会告诉你真相。

定期向你信任的人征求意见，无论对方说什么，你都要说声"谢谢"。让他人能够轻松地向你提供反馈。越是这样，你得到的信息就越多。收集到的信息越多，越有助于你尽早获得无往不利的事业和人生。

有助于你事业前进的 10 个窍门

你能对自己的事业负 100% 的责任。这是个好消息。当你能负责的时候，你就能掌握主动权。你的事业依靠的不是一个好管理者，也不是一个好企业，而是你自己。下面 10 个窍门，能帮你掌控事业的发展。

1. 不要等着管理者为你制定目标。制定你自己的目标，然后交给管理者过目。
2. 知道你的优点，消除你的盲点。向那些会告诉你实话的人请教。
3. 至少每个月与你的上司单独见一次面。与他分享你的工作成绩，在你需要时寻求他的帮助。如果你的上司没有为这些会面预留时间，那你就主动请求他挤出时间。

4. **轻松对待管理者评估你的工作表现这件事。**征得管理者的同意，每季度给他发一页纸长度的业绩清单，其中包括你完成的项目和收到的积极反馈。
5. **精益求精。**不要等着别人告诉你不行。
6. **主动要求更多的工作，提升自己的能力，同时扩大自己在公司的影响。**
7. **不要抱怨工作。**这并不是指不寻求帮助和表达关心，而是不要成为爱发牢骚的员工。
8. **观察组织中的成功人士，并且以他们为榜样。**如果他们穿着得体，经常出席公司的社交活动，或者是社团的活跃分子，那你也那样做。
9. **不要八卦。**你如果没法守口如瓶，就永远别想升职。
10. **让大家生活得更好，而不是更差。**消除一切能力以内的障碍，拒绝说："不行，我们做不到。"

HOW TO SAY ANYTHING TO ANYONE

第 13 章

轻松搞定 13 种尴尬局面

在面对面的交谈中，
我们需要认识到，
包括肢体语言、眼神交流、
语音语调在内的暗示，
都是沟通的基础。

激发个体、团队和组织价值的底层逻辑
和解决方案《价值激活》
丹·斯柯伯尔

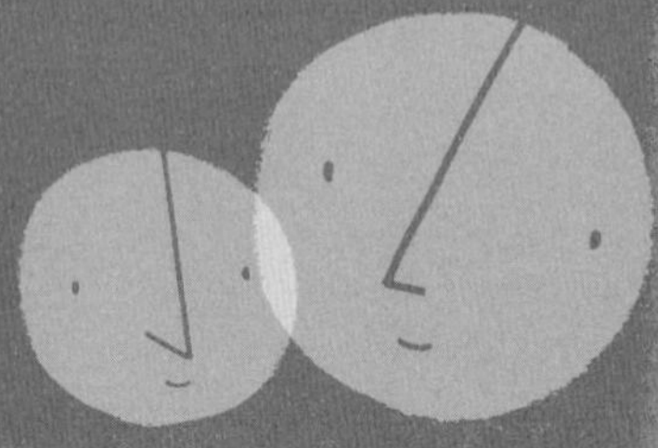

第 13 章　轻松搞定 13 种尴尬局面

办公室里每天都会上演精彩好戏，谁还看电视剧？用心留意同事的一言一行，就足以让人开怀大笑。如果要你应付这些疯狂行径，看好戏的心情就不复存在了。

每天总有那么一些人、一些事，让我们有想要与世隔绝的冲动。总有那么几个同事背地里说你的坏话、不守信用、在你办公室里逗留半个小时闲扯。

事先设定期望、协调好工作方式，确实能减少工作中的摩擦，因为团队成员很清楚彼此的职责所在，不必去猜测他人的需求或偏好。但这仍无法杜绝失误，除非你独自工作，否则就无法避免状况百出的职场合作。

本章提供了一些策略，以应对工作中常出现的尴尬状况。深入探讨前请注意一点：我们应付的是状况，不是人。每次听到“应付难相处的人”这种表述时我都忍不住要皱眉。

有些人可能比较难共事，似乎没有他们，你的心情会更加舒畅，但请记住：没有人乐意被“应付”。

局面 1　无论你做什么，对方都不配合

无论什么行业，也无论在哪家公司，总有那么一两个爱捅娄子的人。这种人就爱惹是生非，给人添麻烦。进入一家公司后，你马上就能对这类人有所察觉，他们一旦出现在会议上，一定会遭大家白眼。爱捅娄子的人实际上是专业术语。如果你上大学时上过沟通课就应该听过这个词。在网上搜索这个词，能找到很多描绘这类人各种怪异行为的书。

如果你已经尝尽各种办法去和某位同事合作，但收效甚小，那么，可以停止这种努力了。如果对方不想跟你合作，单方面的努力没有用。

但我说的是“尝尽各种办法”，并不是“我给他发了 3 封电子邮件，都没有得到回复”或“我提醒过他，但他死不悔改，所以现在我不想再跟他合作”这种程度的努力。“发 3 封电子邮件”“提醒过一次”都不能算是为了建立良好的合作关系做的终极努力。

“尝尽各种办法”包括进行多次反馈沟通，请老板或其他人帮忙从中斡旋。各种努力都失败后，仍能控制好情绪，表现得很专业。

你如果实在无法获得他必要的合作协助，还可以尝试请与对方关系较好的同事劝说他。

“放弃修复不融洽的同事关系”，这条建议估计很多管理者与企业领导者都不赞同。我并非建议你忽视那个人或拒绝与他共事。相反，应根据合作需要，尽可能心平气和地与对方多接触，但不要过于频繁。不要在始终无效的事上浪费时间。那种做法无异于与不喜欢你的人约会，我们都知道最终的结果无非是惨淡收场。

局面 2　管理者没能提供足够的反馈

擅长完成岗位工作的人很容易被提拔为管理者，但擅长完成本职工作与能督导别人不是一回事。如果上司只夸奖过你工作做得好，而你想用本书中介绍的技巧向上司征求更多反馈却未果，可以从别处征求反馈。

不要认为上司有义务提供反馈或认为如果有负面反馈，对方一定会告诉你，而如果他没有尽责，就不能怪你。千万别毫无方向、毫无目的地蛮干。你应该知道多数人不愿意直言不讳，他们没说不代表就没有意见。

如果某项工作做得不好，但没人向你反映过，你依然会得到稀松平常的评价。无论哪种类型的领导，心思全扑在工作上的人总能得到想要的反馈。有机会看到你工作状态的人都能对你的工作提出宝贵的意见。尽管上司应该定期向你提供具体的反馈，但有些上司不这么做。这时，你可以直接向同事征求具体意见并允许对方坦诚相告。如果意见不够具体，或你怀疑它的可信度，你就继续追问对方，直到你获得有真实且有价值的意见。

局面 3　你被提拔为旧同事或朋友的领导

管理曾经的同级兼朋友总让人觉得尴尬。你处理这种转变的方式，会决定这种尴尬状态维持的时间，以及他们对你敬重和信任的程度。应该让下属因为信任和敬重你而服从你，而不是因为你是他们的上司。

我建议你做一个名为“化被动为主动”的练习，把你认为其他人没有对你说出来的想法说出来。虽然刚成为下属的同事不会因为落选而表现出懊恼和消极，也会尽量掩饰对你的职位的觊觎，但这并不表示他们没有这些想法。

如果你晋升为旧同事或朋友的上司，我建议你单独跟每个刚成为下属的同事当面聊一聊:“我们曾是同级和朋友，现在我成了你的上司。我觉得有些尴尬，所以我猜你也一样。我希望我们将来合作愉快。我们之间的关系的性质必须改变。改变前，我想我们可以彼此聊一聊感受。你觉得怎么样，方便吗？”

这些都是我的说辞。你必须用自己的话表达。你的态度诚恳，就能赢得更多尊重，人际关系也会更加牢固。

局面 4 你的下属不听从指挥，不把你当领导

你用上述方法与刚成为下属的他们聊过，开诚布公地谈论从同级关系转变成上下级关系有多么别扭。但几个月后，一位员工拒绝把你视为上司，他不听从你的指挥，直接忽视你的反馈。这种状况很难应付。我们可以尝试使用第 10 章中强调的反馈方程进行坦诚对话。

第 1 步：开场白

“我想跟你聊一聊我们的工作关系。”

在这种情况下，跳过第 2 步。

第 3 步：分享行为

“我领导整个团队后，我们的关系就开始恶化了。我们也聊过几次，我非常希望与你建立起良好的合作关系，但你不愿意把我视为上司。”

第 4 步：描述这种行为的影响

“上次沟通时，我问你，你有什么需求，我也说过愿意努力帮你完成这种转变。我不知道还能做什么，因为我们的关系完全没有改善，你仍然不听从指挥，这已经成了一个大问题。你要么接受我成为团队领导者的事实，要么辞职另谋高就。”

第 5 步：问问题，让对方有表达的机会

“你觉得呢？”

第 6 步：提出建议或要求

“如果你愿意有所改变，我还是希望你继续留在团队里；如果你坚持我行我素，我也可以安排你调任。”

听到这里你可能倒抽了一口气，心想你绝对做不到这样跟人讲话。这话确实很尖锐，但这绝不会是你第一次面对员工的反抗，也不是最后一次。尽管进行这场对话的过程很艰难，但如果你遇到了这种状况，又得到了老板和人力资源部的支持，你就需要与对方展开这样一场对话。

考虑一下哪种情况更糟：是进行一场简短的、富有挑战性的对话，把问题一次性解决，还是与一个不把你当领导的人共事好几个月甚至好几年？

局面 5　你反复提意见，对方却毫无改进

我在进行培训或演讲时，最常听到的抱怨是:“我提出意见后，对方丝毫没有改进，我已经黔驴技穷了。”如果你提供反馈后，对方仍没有改进，要么是他不愿意，要么是他做不了，要么是他不知道如何达到你的要求。

你必须分析其中的原因。如果是因为对方的意愿不足而没有得到改进，要么是他不改进的后果威慑性不够，要么是改进之后的结果不足以激励他改进。人们只会因为行为的后果而改变行为，没有后果当然不会有改变。

如果你认为自己缺乏影响力，无法令对方有所改变，我认为不是这样的。不必用威胁解雇他、不发工资或不给他晋升机会促使对方改进。每次你看到他再犯时就指出来。没有人愿意每次一迟到、工作进度不达标或穿着不适宜就被叫去“谈话”。这种管理方法就是所谓的“向外管理”。最终，那个人会疲于进行这类谈话，要么他会选择改变行为，要么他会另谋高就——辞职或转部门。

局面 6　有人泄露了你的秘密

如果别人泄露了你的秘密，你可以这么做。

第 1 步：说明谈话目的、内容及原因

“约翰，你有时间吗？我想跟你谈一谈我刚听到的事。”

在这种情况下，跳过第 2 步。

第 3 步：描述观察到的行为

“我那天跟苏聊天时，她提到一些我只告诉过你的事。你向我保证过不会说出去。”

第 4 步：描述这种行为的影响或结果

“从别人那里听到这件事，让我很难继续相信你。”

第 5 步：进行对话，询问接受反馈方对现状的看法

“你想解释一下吗？”

第 6 步：提出建议或要求

“如果我要求你保密，就请你不要说出去。如果你做不到，请告诉我。如果你告诉了别人，也请告诉我。我宁愿你跟我说实话，也不愿意从别人嘴里听到风声。”

第 7 步：对接下来的行为达成共识

“你觉得可以吗？”

第 8 步：表达感谢

“感谢你愿意和我进行这次谈话。我很看重我们的合作关系，我希望自己依然信任你，继续向你吐露秘密。”

局面 7　有人向你反映问题，却要求你缄默

私下得知某件事后，你又被要求装作不知道，这确实让人处境尴尬。出现这种情况时，询问对方告知你的原因。要求他下次别告诉你这些事，除非他期待你有所行动。

有时会出现你无法保密的情况。如果遇到这种情况，找到当初私下告知你的人，并把你要做的事告诉她。

可以这么跟她说："玛丽，谢谢你让我得知客户的不满。虽然你要我别说出去，我也不想辜负你对我的信任，但此事事关重大，我有责任让一些人了解实情。我用什么方式向其他人反映这些情况你更能接受？你希望自己和销售主管谈一谈，还是我去告诉他？我相信他也能接受。"

假设苏向你反映了一些约翰的情况并希望你采取行动，但不希望约翰知道提供反馈的人是她，这种情况也很为难。

这种情况下，最理想的做法是帮助苏准备与约翰对话的内容。如果苏不愿意说，你可以帮助她开启这样的谈话。如果她仍不愿意，而你认为这条反馈对约翰很重要，也可以亲自说。但你代表苏提出反馈是最不合适的。

你可以这样和约翰谈。把反馈的实情告诉他，然后说："我不知道这个消息的来源，我知道这让你有些恼火。通常，这种情况下，

我是不会告诉你的，但我认为这些信息对你很重要。”

“尽管有些难办，但我的建议是别管消息来源，你尝试做一些改进。可以告诉合作关系最密切的同事你得到一些关于______的反馈，你正努力提高这方面的能力。告诉同事无论他们提供什么样的反馈，你都会心存感激。改进行为后，向他们分享你的进步并再次征求具体的意见。”

局面 8　内部职位申请未果，也无人告诉你原因

人事经理没有义务对外部候选人直言不讳，他们不愿意告诉候选人落选的原因。他们确实有责任帮助内部候选人成长，内部员工也有需求且有权利获悉真实情况的反馈。

想知道解决办法吗？征求反馈。虽然对方没有告诉你，但如果你不主动问就更加没有机会知道真相。告诉他：“感谢你给我面试的机会。我很想知道我落选的原因，以便之后进一步改进。你的反馈对我非常有价值。”

如果你没有机会接触他本人，可以向他的上司寻求帮助。你可以这么说：“鲍勃，很感激你们部门提供竞聘营销主管的机会。我很想知道到目前为止，我的欠缺之处在哪里。有什么好办法能让我获取人事经理的直接反馈，或者你方便替我问一问他吗？”

局面 9 每次你向某个人提意见时，他都会哭

给爱哭的人提供反馈很难受。有人说，哭泣只是他们摆脱困境的手段。我不那么认为。相反，我认为每个人听到反馈时都会感受到一些压力。有些人能做到镇定自若，有些人气愤难当，而有些人泪如雨下。这些都属于自然反应。

你无法控制对方接受反馈时的反应。私下找个时间，你再恰当地传递反馈，陈述事实，列举行为案例，避免情绪化。至于接受方的感受或反应就与你无关了。

如果他哭，递给他纸巾，继续谈话。如果对方情绪过于激动，无法进行对话，那么结束谈话。只需要说：“我知道这些话让人很难受，我很抱歉。要不我们再找机会谈吧？”等对方恢复平静后，继续面谈。

局面 10 你难以忍受毫无意义的周例会

培训生最常抱怨的事情之一就是：“提倡开诚布公很好，但我不是会议主持人，我也无能为力。作为普通员工，哪有资格告诉副总裁换种主持会议的方式更好，他的职位可比我高多了。”

越权给上司提负面意见，对大多数人来说相当困难，但也不

用一筹莫展。如果你与会议主持人比较要好，你可以直接对他说："给这么多人开会可真不容易，我肯定做不来。我那天看到一篇文章，专门讨论如何主持类似的会议。需要我把那篇文章传给你吗？你可以借鉴一下别人的经验，如果你愿意的话。"

或者你可以说："给这么多人开会真不容易，如果是我，我肯定招架不住。我那天看到一篇文章，专门讨论如何主持类似的会议，上面有几点写得不错。文中提到选择一位备用主持人，会上讨论热烈时，他可以辅助主持会议。讨论过程中让另外一个人担起主持责任，能让你跳出主持人角色，参与讨论。文中还建议给爱在会上捣乱的人安排点事情做，例如安排他做会议记录。需要我推介几个这样的人选吗？我乐意为你效劳。"

谦逊地表达提供帮助的意愿，而不要用批评的口吻阐明你的看法，以防他难以接受你的意见。如果你认为自己不便与会议主持人这么讲话，找一个适合的人，例如与他关系亲密的同事，或者他的同级或上司。可以这样展开谈话："史蒂夫，我想和你聊一聊。我知道你跟迈克关系很好，不知道你愿不愿意参与这件事。迈克要负责主持周例会，压力确实很大。我们总是讨论同样的问题，却迟迟无法做决定。你愿意跟他谈一谈，请他尝试找一些更有效率的会议形式吗？我觉得自己不太适合跟他谈这事。"

没错，我用语非常直接。与某些人交谈时，你或许得说得委婉一点。例如："史蒂夫，我希望你能帮我一个小忙。我一直在参加迈克主持的周例会。我知道这种会议不易主持，好多与会者之间存在利益冲突。有时候会议的场面有些失控。我想帮帮迈克，但我不知道该怎么做。你和他关系不错。你觉得直接告诉他一些主持会议的方法，可行吗？还是先问问他是否需要帮助呢？我很乐意协助他主持例会或帮助他控制开会的节奏。"

每个人在公司里都有一些亲近和信任的人。通常只有那个人说一些尖锐的话才不至于惹当事人生气。如果你能找到这么一个人，愿意在不透露你姓名的情况下，代替你采取行动，不失为一种改变他人行为的有效方法。

局面 11 他需要你帮助，却把电子邮件转发给其他人

人们常常误用邮箱的抄送功能和"回复所有人"功能，因为他们不知道这么做不恰当或以为不让别人看到发给你的电子邮件就达不到目的。胆小鬼可能偏爱使用抄送功能，如果你没有按时完成任务或没有遵守约定，你的老板和同事也会知道，以达到督促你的目的。

将一封电子邮件抄送多人的含义包括："我不知道为什么会收到这封电子邮件，这不属于我的工作范畴"或者"我需要乔的

反馈，才能完成这个项目”，电子邮件发送不当可能是出于失误，当事人只是没有意识到并非所有人都有必要知道项目进展细节。

如果某人误用抄送功能或回复所有人功能给你造成困扰，只需直接告诉他你对此的看法。

第 1 步：说明谈话目的、内容及原因

“约翰，你有时间吗？我想和你聊聊你给我发的电子邮件。”

如果你觉得尴尬或难以启齿，跳过第 2 步（强调事实），直接进入第 3 步。

第 3 步：描述观察到的行为

“我留意到你对我有要求时，总是在回信时将电子邮件抄送给团队所有成员。”

第 4 步：描述这种行为的影响

“这让我很尴尬，而且让我觉得你不信任我。”

第 5 步：进行对话，征求接受方对现状的看法

“我想知道你这么做的原因。”

如果她说：“整个团队有必要获悉那条信息，我只是想让大家及时了解项目的最新进展。”你可以回答：“我认为没有必要让整个团队的人了解那些细枝末节。我们可以把

项目的最新进展列入下次会议的一项议题。我们可以概括地阐述项目进展，然后大家一起做决定。”

如果她回答“得到你的回复很难。有时我觉得有必要让别人督促你一下”，你可以用第 6 步构思你的回复。

第 6 步：向对方提出要求

“很抱歉，我让你有那种想法。下次如果我没有及时回复，你可不可以直接告诉我？我很愿意虚心接受你的意见。”

此时是使用第 3 章中提及的提问技巧，讨论工作方式偏好、设置预期的好时机。你和他可能对回复是否及时的标准不一样。对琼而言，2 小时内回复算是及时。对你而言，可能周末前回复就算及时。不要想当然地认为他的偏好和你一样。

可以这样展开对话：

我想自从开始合作起，我们从未谈论过彼此的工作方式偏好，像是沟通方式、反应时间、处理问题的方式等。我认为了解这些对彼此都有好处。你觉得呢？如果你愿意，我们现在聊一下，还是另外找其他的时间？

局面 12　他人抵触你的善意反馈

给别人提意见很难，给老板提意见更难。提出意见，并不一定非得以“我不赞同”开始，这种开场白只会令大多数人产生抵触情绪。有时以提问题的方式更有效。在遇到此类情况时，一定要冷静思考，想好后再说。

你想分享相反的观点时，挑一两个下面的问题问。

> 你能告诉我，做这个决定的决策过程吗？或者根据？
>
> 这个想法从何而来？
>
> 我想知道事情的结果。
>
> 鲍勃对这个想法怎么看？

没有人愿意得知自己的错误。有很多方式表达不赞同，不一定非得直说。提问题的目的在于了解真实情况，而不是为了指责对方，开放式问题敞开了沟通的大门。

给予反馈时要让对方感受到：你的态度是真诚的，你的反馈是深思熟虑的。

局面 13　很急的项目，管理者却没有时间给你意见

大多数经理是职能经理，也就是说，除了管理下属，他们有自己的职责。因为他们太忙或低估和下属沟通的重要性，很多经理都认为可以用团队会议或随时随地的简单沟通代替传统一对一的会面。但事实并非如此。

每个员工都需要有与经理独处的时间，与他的个人喜好无关。每周或每半个月单独面谈一次最理想。

很难有机会与经理相处时，你可以告诉他：你知道他有多忙，但你需要他的协助才能完成任务。会面前或他取消会面后，你需要征得他的许可预约下一次面谈的时间。如果上司有助理，可以向助理求助。他的助理很清楚日程安排，知道他什么时候能有空。

如果你还没有做过此类尝试，询问上司与他沟通的最佳方式，电子邮件、语音留言、办公室座机还是手机。问：如果他没空，还有谁有资格签署文件。你们不一定要当面谈，也不一定需要持续很长时间。15 分钟可以解决很多问题。

如果这些策略都没用，还是应推进项目。使用上司偏爱的沟通方式，用电子邮件或语音留言汇报工作进度。提醒上司，如有不满立刻告知你，这样你就能及时纠正错误。

与他人合作总是富有挑战性。资源和时间有限，把一群人聚

在一起，为了同一个目标奋斗，必然会出现冲突，难以避免。

我鼓励你仗义执言，大胆提要求。如果你的意图是强化工作关系、提升工作效率，几乎所有事项都可以沟通。即使你等了很久，错过了最佳沟通时机或说了一些让你后悔的话，也总有办法弥补过失。

后记

建立真正有效的工作关系

我在本书中提供的沟通语言和技巧，能让你不必猜测哪些事对他人而言更重要，还能让你明白职场的游戏规则并掌握获胜的诀窍，帮助你打造一个理想的工作环境。

在这样的环境里，如果你犯了错，有人会告诉你。同样地，如果你的工作表现超越了预期，同事也会反馈给你。正面和反面的反馈都具体、清晰、有价值。你会非常清楚知道自己在客户、同事、老板心中的形象。

你可以跟公司内各个级别、职位的人真诚对话。

首席执行官不需要顾问也能了解企业内部情况，因为员工很乐意提供反馈。项目进展顺利，团队及部门间合作亲密无间，所有员工都能高效工作，因为他们知道其他部门和成员的工作情况以及自己的工作职责。

你清楚他人对你的期望以及同事对你的看法后，就能更有效地掌控事业的发展。信息就是力量，力量意味着控制权。这话听起来让人难以置信？但事实就是如此。改变企业文化必须从员工愿意改变自己的行为开始。你希望成为一个愿意发问、讲真心话的人吗？

有效建立职场人际关系取决于提要求并讲真话的勇气。同样，事业发展的进程也取决于这种勇气。

职场中，我们与他人能沟通的内容远远超越你的想象。多询问，少猜测。从今天开始，你能做到！

致谢

HOW TO SAY ANYTHING TO ANYONE

我在企业中工作了 15 年，亲历企业各阶层员工都在为是否要讲真话而纠结，本书由此诞生。我要对曾经的上司、同事、员工及客户由衷地说一声“谢谢”，尤其要感谢那些克服恐惧、勇敢表达真实想法的人，与你们共事的经历以及我们之间的沟通构成了本书中的真实案例。

本书用了 5 年时间完成，3 年用于写作，2 年用于编辑。在本书中我倾注了全部的爱，希望能帮助读者，让大家不必再继续忍受那些由于沟通不畅而产生的失望与沮丧。

尤其要感谢史蒂芬·夏皮罗（Steven Shapiro），他不厌其烦地和我讨论如何用最佳的方式呈现本书内容，才使得这本书有了今天这个样子。感谢黛布拉·法恩（Debra Fine），每当我想放弃时，她都鼓励我坚持下去。感谢莱斯利·米勒（Leslie Miller）和坎迪斯·辛克莱（Candace Sinclair），他们帮我修改二稿和三稿，并始终支持我的观点。感谢莫莉·摩尔（Molly Moore），她为本书英文版设计的封面无与伦比。

我希望这本书能为读者提供沟通技巧，并给予你们掌控事业发展的勇气，使你们在工作中更加游刃有余。